救護施設からの風

加美嘉史
松木宏史
監修

大阪福祉事業財団
高槻温心寮
編著

「健康で文化的な最低限度の生活」施設
×
ゆたかな暮らし……

クリエイツかもがわ
CREATES KAMOGAWA

はじめに

「救護施設ってなに？」

「救護施設ってどんな人が入っているの？」

福祉の仕事をして施設に勤めていると自己紹介をして、そのあと「救護施設」という名前を出すと、たいてい聞かれる質問です。「きゅうご」だから人を助けているのかと聞かれることもあります。あながち間違いではないのでしょうが。

救護施設は日本国憲法25条の生存権保障にもとづく、生活保護法上の生活施設です。「身体上又は精神上著しい障害があるために日常生活を営むことが困難な要保護者を入所させて、生活扶助を行うことを目的とする施設とする」と規定されています（同法第38条）。

生活保護法は他法優先の制度で、他の法律が使えるのならば先にその法律を使います。生活保護が最後のセーフティネットといわれるゆえんです。その生活保護法を頼りに、日常的に介助や介護が必要な人から施設に入って生活を立て直し、施設を出て再び地域で暮らそうとする人まで、さまざまな障害や生きづらさをもった人たちの生活のための施設、それが救護施設です。

救護施設高槻温心寮《たかつきおんしんりょう》は戦後、生活保護法が施行され、救護施設が誕生したのとほぼ同時期の１９５２年に設立された、利用者定員２００名（男性１００名　女性１００名）の大きな施設で、これまでその歴史とともに歩んできました。

現在、高槻温心寮（もしくは略して温心寮）では19歳から96歳まで（２０１８年4月１日現在）の利用者が生活しています。私たちが考える「健康で文化的な最低限度の生活」は個室であるべきと、２００８年に施設を全面改築し、全室個室としました。

私たち温心寮の職員は、施設建て替え以降も、本当にさまざまな障害や生活歴をもつ一人ひとり違う施設利用者に対し、懸命に支援をしてきました。今日、一人部屋の施設はめずらしくありませんが、建て替え後の10年を振り返るとともに救護施設を知ってもらうことを目的に、この度この本を出すことにしました。

なお、この本のなかで紹介される個人のエピソードは、プライバシーに配慮して仮名にしてあり、すべて本人とわからないよう加工されています。また固有名詞については、施設内の作業場であり、実りゆたかにの思いで名づけられた「いなほ作業場」や利用者自治会である「心友会《しんゆうかい》」のように、そのままにしてあるものもありますが、個別に特定されることに対しては配慮した表現にしてあります。

また、この本では本文を「ですます」調の丁寧語で記述し、「利用者」などは一般名詞として扱うとともに「される」なども「する」などの客観的な記述に努めていますが、施設内では親しみを込めて「○○さん」「利用者さん」などと呼んでいて、日々の対応はもちろん記述もよりていねいに行っています。なお、キャプションの入っていない写真はすべて本人の了解を得ていて、本文とは直接関係のないものです。

さあ、「救護施設高槻温心寮」をご案内しましょう。

２０１９年８月

救護施設高槻温心寮「救護施設からの風」編集委員会

救護施設からの風
——「健康で文化的な最低限度の生活」施設×ゆたかな暮らし……

もくじ

第Ⅲ部　これからの救護施設の役割と課題を考える　175

座談会

プロローグ――

困っている人への「生きる力への支援」

入所3か月での「あるできごと」

平野誠さんが高槻温心寮から無断で外出したのは、入所して3か月がたった頃でした。施設を建て替えた数年後、昼過ぎのできごとです。

平野さんがいないことに、職員が気づきました。すぐ家族に連絡しました。

「自ら命を絶つようなことはしないでしょうか……」

と、心配そうな声が返ってきました。

平野さんは普段から口数が少なく、穏やかな男性です。200名の利用者が生活する温心寮ではあまり目立ちません。名前を聞いても、すぐに顔を思い出せない職員もいるほどでした。当時40代。アルコールによる小脳への障害もあり、杖を使用していました。

まだ土地勘もないだろうからと私たちは、施設周辺はもちろん最寄り駅周辺も、暗くなるまで捜索しました。なかなか見つからず、「もしかしたら……」という不安もつのりました。

夜半になって、警察から「平野さんを保護している」との連絡が入りました。平野さんがいたのは、以前一人で暮らしていた大阪市内でした。遮断機が下りている踏切に入ろうとしたところを、通行人の男性に服をつかまれ、命を助けてもらったそうです。

迎えに行くと平野さんからは、お酒の臭いがしました。転倒したのか上着の背中部分が破れ、身体や衣服についた泥と汚れもそのままでした。このとき平野さんは、職員に次のように話していました。

「他人の目が気になる。温心寮に来たときから」

「嫌われているんじゃないかと思う」

「温心寮はなんで、自分なんかを入れたんやろう」

施設に入所するまで

平野さんは四国で、五人兄弟の末っ子として生まれました。小さい頃から病弱だったそうです。20代で父親を亡くしたことを機に、大阪に出て来ました。大阪市内で働くなかで、毎日3合ほどの飲酒の習慣がついていきました。

気がつけば酒量をコントロールできなくなり、アルコール依存症と診断されます。そして職を失い、食事も取れずに倒れるなどして、入退院を繰り返すようになってしまいました。

その後、平野さんは生活保護を受給。歩行のふらつきも見られるため、バリアフリーの施設でないと生活が難しいのではないかという福祉事務所の判断もあり、温心寮への入所が決まります。こうして、まずは介助が必要な人たちが暮らすフロアで、平野さんの施設生活が始まったのでした。

温心寮の暮らしのなかで

再び施設に戻った平野さんの生活は、とても穏やかでした。職員は日々の平野さんの思いをていねいに聞こうと、積極的に声をかけたり意識的に面談を行ったりしました。また、行事やクラブ活動、クッキングやガーデニングなど、フロアの取り組みへの参加も働きかけました。

そうするなかで平野さんは、徐々に施設での居場所や役割を見つけ、自らのペースで生活を築いていったのかもしれません。主な日課は散歩でしたが後には、心友会（高槻温心寮の利用者自治会）でも活動するようになりました。その生活の落ち着きや年齢的な若さなどから、徐々に自立度の高いフロアに移ることもできました。

さらに職員からの働きかけもあり、一人暮らしに向けて温心寮の事業の一つである居宅生活訓練事業を受けることになりました。訓練を始めたとき、平野さんは施設を出ることについて、思いは「五分五分」と答えていました。

その後、目標・願望をたくさん用紙に書き出す夢ノー

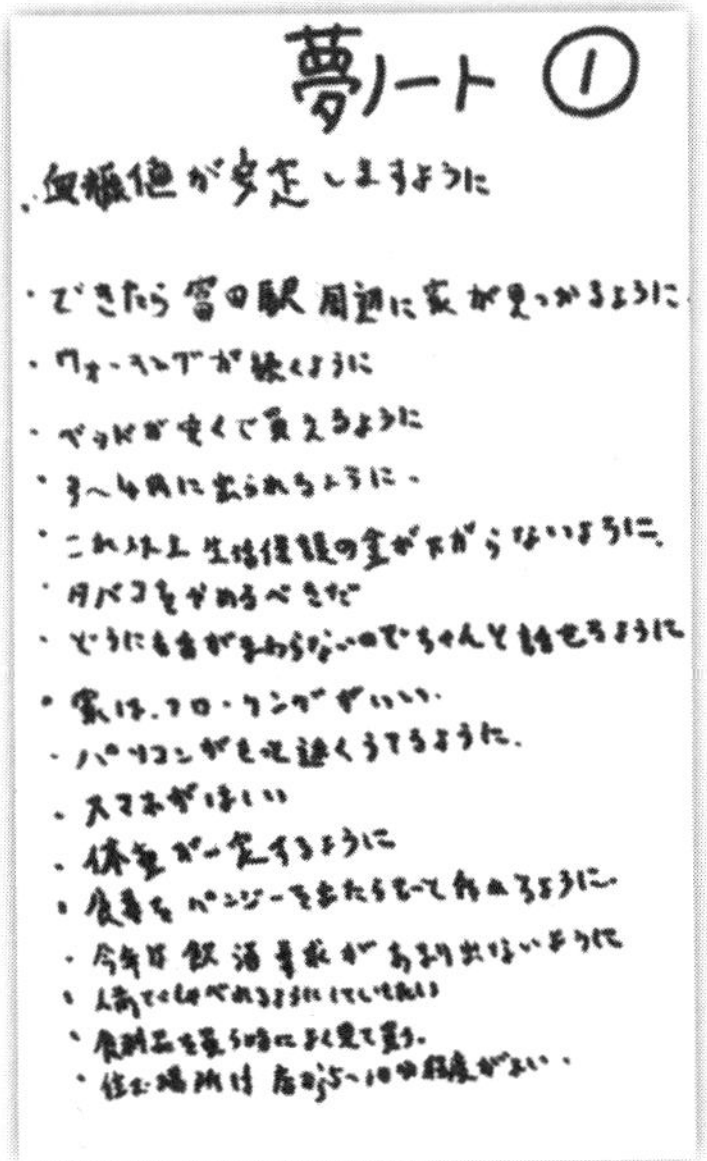

平野さんと「夢ノート」。
再び地域に出る道しるべになった。

トの作成、ＳＳＴ（社会生活技能訓練）を意識したとりくみ、アルコール依存症の方の自助グループＡＡへの参加などの居宅生活訓練を通じて、平野さんは少しずつ地域移行への思いを高めていきました。

地域生活スタートとその後

５年２か月の在籍を経て平野さんは高槻温心寮を退所し、施設から1キロほど離れたアパートでの一人暮らしが始まりました。とりあえず、施設退所後のアフターケアである保護施設通所事業（温心寮への通所や生活支援員の訪問による相談）を利用しながら、温心寮の作業にも通っていました。

一人暮らしを続けるために、こうした温心寮への通所による日中活動や昼食の提供、月２回の訪問、訪問介護による調理や清掃の家事援助、宅配弁当や外出時の移動支援など、さまざまな社会資源を活用しました。また、ときどきは兄と外出し旅行へも行くなど、平野さんは地域での生活を楽しんでいました。

順調そうでしたが一人暮らしを始めて半年ほど過ぎた秋頃、平野さんは体調不良を訴えます。糖尿病悪化や胆石とわかり、入院して手術もしましたが、なかなか本調子には戻りませんでした。

しばらくして小腸がんが発覚します。平野さんは、抗がん剤治療を受けながら温心寮への通所も続けていました。温心寮玄関の待合室のテーブルで伏せている平野さんの姿を見かけることもありました。

そんな日々でも平野さんは、相変わらず寡黙で穏やかでした。しかしそれは、ただ我慢をしていただけなのかもしれません。本当はとてもつらく怖かったのではないかと思います。

地域生活に移行して1年半が過ぎた頃、今度はがんの転移が見つかりました。余命も告げられ、ホスピスに入院。その年が明けて間もなく、平野さんは家族に見守られながら旅立ちました。

「あるできごと」をふり返って

あの無断外出の日に平野さんを迎えに行った職員は、次のような話をしています。

「帰りの車中、平野さんに『温心寮はきれいな建物で、食事もちゃんと三度用意され、個室でベッド。自分みたいなものが、こんないいところで世話になって、生きていてもいいのかと思った』と言われました。

利用者のゆたかな暮らしをつくりたい、という私たちの願いがあります。その一方で、『自分みたいなものが……』と遠慮しなければならないほどの暮らしをしてきた人たち……。私たちの支援のもつ大切な役割を考えさせられました。

そして、『生きる力への支援』が私たちの仕事だと感じました。人は誰でも『自分は大切な人間だ』と周りとの関係で感じられたとき、そして『自分のペースでいい。無理してがんばらなくてもいいんだ』と感じられたときに、生きる力を取り戻すそうです。

さらに言えば、平野さんをはじめ救護施設にたどり着く人たちは、困難な背景をさまざまに抱えています。そんな人たちを、私たちがシャットアウトしてしまえば、頼れるところはなくなるのです。

『困っている人への選り分けのない支援』を基本にすることが、いまの時代だからこそ求められているのではないでしょうか」

高槻温心寮が全室個室の救護施設に建て替わり、10年がたちました。目まぐるしく変化する社会情勢のなか、今日も高槻温心寮は、それぞれに困難な背景を抱えたさまざまな人たちを迎えています。

高槻温心寮はこれまで何を行い、これから何をめざすのか。この本の発行を通じてその一端を明らかにしながら、みなさんとともに考えるきっかけになればと思います。

（秋山昌平）

第I部

人生は
ドラマティック

救護施設の暮らしと利用者の思い

第1章

日々の暮らし、日々の思い

1 施設なのに自由？

❶こころの風景——谷村さんの鉛筆画

谷村進さんは58歳。温心寮入所前は17年もの間、精神科病院に入院していました。

絵を描くことが大好きです。温心寮に入ってからは、毎日出かけて描いています。描くのは風景画ばかり。

目の前の景色を見ながら写生することもあれば、写真を見たり、頭のなかで思い描いたりして描くこともあります。施設内の喫煙室で描いていることもあります。きっと、イメージが浮かんできたときなのでしょう。

絵はすべて鉛筆画です。白黒の濃淡だけで情景や光を表現します。どの作品にも自己評価は「下手くそや〜」。

「風景を描くのは自然が好きやから。鉛筆で描くのは、油絵がしたいけど絵の具が高くてまだ買えへんし、水彩画は苦手やから」

施設の作業で陶芸をすることもありますが、谷村さんは基本的に毎日、朝食を食べるとカンバスをもって出かけます。昼食後は食堂の掃き掃除をして、今度はスケッチブックをもって出かける、という生活です。

ついには市の写生コンクールに応募しました。出展のため市役所に絵をもって行った谷村さんでしたが、水彩画が対象で、鉛筆画は受け付けられないとのこと。それでも、なんとか出展できないかと粘り強く交渉した末に、ようやく受け付けてもらえました。もっとも、結果は残念ながら「審査対象外」。「色がついていたらよい評価をもらえただろう」とのコメントがあったそうです。

あるとき、いつものように外で絵を描いていると小学生らが「おっちゃん、絵うまいな〜」と声をかけてきたので、一人ずつプレゼントしたそうです。

「絵をほめられてうれしかった！」

と、感涙の谷村さんでした。

また谷村さんは、利用者が主体的に運営する施設内の「ハート喫茶」のスタッフとしてもがんばっています。スウィーツとしてマカロニのきなこまぶしをつくったとき、マカロニを焦がしてしまったことがありました。それが気がかりで、それからは焦げないよう、絶対に鍋から目を離さないほど熱心に取り組んでいます。

でも、実は女性が苦手な谷村さん。喫茶で女性利用者に接するときなど「ああムリや〜。今日はアカン、やめるわ〜」と尻込みするシャイな面もあります。

「下手くそな絵や」
「自分は不細工やから」
「アホやから」

など、いつも自分に自信のない発言をする谷村さん。感激屋で感情の起伏も大きいのですが、いつも上手に適度な距離をもって接することのできる、心のやさしい人です。

先日、念願の油絵の具を購入しました。今後は好きなタバコを減らして絵の具を買い足していくのだそうです。これからは油絵の具で風景画。また一つ「生活の希望ができた」と話す谷村さんです。

（飯田葉子）

❷「作業に行ってきます」——久保田さんらしい暮らしの実現

施設で生活するということは、決められたスケジュールやルールに沿った、ある程度、規則正しいものになりがちです。高槻温心寮では、最低限度の衣食住を保障した生活の提供にもとづいた安定した日課、バランスのとれた食事、定期的な通院が保障されています。しかし裏を返せば、外出時間など制限も生じる生活になります。

温心寮は個室とはいえ、施設は何がしか支援を必要とする人たちの集団生活であり、業務上どうしても職員本位になりがちな日々のなか、暮らしに人間らしさをどのように保障し、利用者それぞれの自主性を保ちつつ、個別に応じたその人らしさをどのように尊重していくのか、私たち職員は日々、その方法を模索しています。

久保田恵子さんは、いつも元気な笑顔で職員に声をかけます。午前はペーパークラフト作業、午後は施設内の「いなほ作業場」に参加しています。そのほかの時間も、施設内でボーイフレンドとおしゃべりを楽しんだり、近くのコンビニへ買物に出かけたりと、いつも活発に過ごしています。

温心寮に入所する前は、地域でさまざまな社会資源を活用して生活していました。金銭管理は社会福祉協議会の事業を活用し、毎日生活費をもらっていたようです。

とはいえ久保田さんは、その日の生活費を社協の支援員から受け取るとその足でタバコを買いに行き、食費分もすべて使い切ってしまうような生活でした。そのため、まともな食事がとれずにやせていきます。また、何度か自宅でボヤを出したこともありました。

そのほか、入浴もきちんとしていなかったため髪の毛はいつも乱れ、洗濯もきちんとできなかったので、身なりはとても見られる状態ではなかったようです。生活が乱れると薬の服用も乱れ始め、精神的に不安定になってしまい、精神科へ入院せざるを得ない状態になってしまいました。

入院中の治療の結果、精神安定を図れるようになり、退院できることになりました。とはいえ前の生活荒廃のこともあり、地域での一人暮らしには課題が多かったことから、温心寮に入所することになります。

入所後ほどなくして、地域で一人暮らしをしていたときの近所のコンビニの親しかった店員に、昼夜問わず電話をしていたことが発覚します。

久保田さんは、毎日をどんなふうに過ごしたらよいのかわからない、夜は眠れない、周りの利用者に無視されて友達ができない、まとまったお金がもらえない（金銭について支援が必要と判断し、タバコは職員が購入して決まった本数を、現金は1日100円を、それぞれ渡していました）など相談していたようです。

温心寮での生活にすぐに慣れることができず、周囲の利用者・職員との関係づくりに不安を感じ、さらに職員に相談はできないと思っていたことが、後の久保田さんとの面談でわかりました。

面談を重ねて関係構築のためにコミュニケーションを図るなかで、久保田さんは「ここ（温心寮）においていいのかわかりません」と、身体を震わせながら不安を口にすることもありました。久保田さんが思い描く生活とはどういうものか、その生活をどのように実現していくのか、彼女自身とも相談しながら支援について再構築していきました。

私たち職員は、日々のあいさつはもちろん些細なことでも声をかけ、コミュニケーションを図っていきました。そして職員との関係が少しずつできてくるにつれて、久保田さんは次第に笑顔も増えていきました。好きなジュースやおやつを買いたい、お金を自由に使いたいとの思いも引き出せるようになりました。

そこで、少しでも自由に使えるお金が増えればと、施設の作業への参加をすすめてみました。ペーパークラフト作業では、すぐに作業内容にも慣れ、お絵描き帳づくりがお気に入りです。さらに、少しでも好きなことにお金を使いたいからと午後のいなほ作業場への参加も希望するようになり、いまも休まずに続いています。

久保田さんにとって作業への参加は、お金の面だけでなく、周りの利用者との関係づくりにも大きな影響がありました。ボーイフレンドと知り合ったのも作業のときだったようです。その彼とも「作業がんばろうな」と毎日励まし合っています。

久保田さんの場合は、安定した暮らしを提供することにより、その人らしさを取り戻し、本人の主体的な生活づくりが図れたのではないかと考えます。日常の生活がままならず生活が困窮すると、情緒が不安定になり、自分らしさ、人間らしさを保てなくなります。疾病や障害により日常生活に支障のある場合はなおのこと、身の回りの支援が必要不可欠です。生活しづらい部分やできない部分をサポートすることで、その人らしい快適な生活環境をつくり、さらによりゆたかな生活を送ってもらうための自己実現の活動などを、本人の思いに添いながら取り組めたこともよかったと思います。今後は、施設で暮らしながら、生活リズムの安定、人間関係の構築、社会的マナーの獲得、地域生活に向けたスキルの向上を支援し、久保田さんにとってのよりよい生活を実現していくことが大切になると考えています。

久保田さんは、再び地域で自立した生活をしたいと望んでいます。実際に一人暮らしをするために解決しなければならない課題はたくさんありますが、彼女の可能性を引き出すための支援に力を入れ、希望に応じた暮らしをいっしょに考えていきたいと思います。


（吉田円香・山田　優）

③ 友情にＡＬＯＨＡ！ ありがとう――八瀬さんのフラダンス

高槻温心寮にはさまざまなクラブ・サークルがあり、そのなかに「温心寮フラガールズ」というフラダンスサークルがあります。フラダンス経験のある職員が利用者に呼びかけたのが始まりで、施設内外の行事に出演し、優雅なフラで花を添えています。

そのフラガールズのリーダー的存在であり、気品あふれる魅力的なフラダンスを踊る八瀬香織さんは、このフラダンスによって笑顔を取り戻した一人です。

八瀬さんは大学の経営学科を卒業し、最初は商社で働き始めました。その後は営業職など仕事を転々とし、病院の請求事務のほかアパレル、介護の仕事も経験しました。近年は主に福祉職の生活介護や訪問介護などで生計を立てていました。

あるとき職場で感染症が発生し、八瀬さんも罹患しました。自身の感染症への対応が十分だったのだろうか、自分のせいで感染症が広まったのではないかなどと自身を責めるなかで、仕事に行けなくなります。さらに、不眠や自殺企図などのうつ症状が出て、精神科へ入院することになりました。

入院してからは、病院という守られた環境のなかで徐々に友人もでき、不安を抱えながらも周りに支えられて生活していました。症状もかなり軽快し、退院の運びとなりましたが、環境変化による不安など地域での一人暮らしは難しく、温心寮に入所することになりました。

入所後はやはり不安感が強く、当初は周囲の知らない人たちのなかでの生活に馴染めず、毎日のように泣きながら職員に「病院へ帰りたい」と話していました。病院の主治医からは、とりあえず3か月はがんばって施設の生活を送ってみるよう励まされましたが、それでも不安と孤独感でいっぱいだったようです。

そんななか、少しでも温心寮の雰囲気と生活に慣れるようにと、職員はフラダンスサークルへの参加をすすめてみました。八瀬さんはこれを受け入れました。それから、普段あまり交流のない利用者に混じり、恥ずかしさもある不安ななか、練習に参加し続けました。

そして、大阪府内の救護施設の合同文化行事でフラダンスを披露することになりました。練習にもそれまで以上に熱が入ります。そのなかでサークルメンバーだけでなく、ほかのフロアで過ごす利用者との関わりができていきます。その頃から、笑顔で会話する八瀬さんの姿がよく見られるようになりました。

本番の合同文化行事では見事3位に入賞しました。そのことも八瀬さんには大きな自信になりました。

誰よりも優雅にダンスを踊る八瀬さんの姿は、施設の内外で評判です。そしていまではチームリーダー的な存在。振り付けを覚えるのが苦手なメンバーには手取り足取りていねいに教え、フラダンス以外でも悩み相談に応じるなど、少しずつ利用者と

大阪救護施設合同文化行事での3位入賞を伝える新聞記事（産経新聞大阪版）

の関係をつくっています。
現在は、病院のデイケアやＯＴ（作業療法）に通いながら、病院では友人との関わりのなかで、施設では作業や就労実習などを通したほかの利用者との関わりのなかで、八瀬さんは生きいきと暮らしています。

（山田　優）

❹「いつか希望をもてるようになればいいな」という希望――塩山さんの秘めた心

塩山宏昭さんは40代の男性です。妹にも精神疾患があり、塩山さんは一時、食事もできないほど精神的に追い込まれた状態でした。妹との関係と生活は崩壊していたそうです。同居していたおばが亡くなったことがきっかけだった、との話でした。

入所当時の塩山さんは、肩よりも長い髪で細身でした。後ろ姿から女性と思った職員もいたほどです。普段は物静かで、周りの人とは積極的に関わりをもたず、図書館など公共の施設に行ったり、市主催のコンサートなどお金のかからない催しを調べて出かけたり、あるいは一人で自分なりの時間を過ごしたりすることがほとんどでした。

入所して数か月たった頃、その塩山さんが突然髪を切ってみんなを驚かせました。爽やか短髪で、誰なのかわからないほどです。そして温心寮の生活を続けていくなか、次第にほかの利用者とも打ち解けていきました。さらに、フラダンス（温心寮フラガールズが男女混合のフラチームに発展）のメンバーにもなり、毎日欠かさず練習に参加するようになります。

いまや、談話室で新聞を読みながら友人と談笑する塩山さんの姿を見かけるのは、日常の風景になりました。

入所した頃は無表情といっていいほどでしたが、ずいぶん表情が柔らかくなり、優しい笑顔が見られます。

散髪したのは「特に意味はない。じゃまくさかったから」。そもそも何かポリシーがあって伸ばしていたわけではないようで、おそらくこれまで「じゃまくさい」と感じるタイミングがなかったのでしょう。温心寮で過ごすうちに髪の毛に気が回るほどに、心の余裕が生じたのかもしれません。

もっとも、温心寮で落ち着きと生活の安心を得たことで不安がなくなったかというと、現実はそう簡単にはいかないようです。以前からの幻聴などの症状で夜間はまだしんどいとのことで、塩山さんなりに症状と折り合いをつけながらの生活のようです。幻聴のほかにも塩山さん曰く「呪い」のようなものもあるそうで、それがあるからいまも「けっこうきつい」のだと話します。

最近は、日常的なやりとりのなかでも笑顔を見せるようになった塩山さん。口数の少なさは元来のものなのか、自分から話しかけるタイプではありません。けれども、ゆっくりと腰を据えて話す時間を設けると、心の内側のことも含め、ずいぶんいろいろな話が聞けるようになりました。

今後のことは「真っ暗で考えられない」そうです。それでも、居宅訓練を受けてみたい気持ちもあるそうです。いまはまだ見出せないけれども、「いつか希望をもてるようになれば……」というくらいの小さな希望を心に秘めています。

このように塩山さんは、語るときに暗い言葉が多くても、実は気持ちは開かれていて、人と過ごすことは嫌いではないようです。柔らかな表情でポケットから飴を取り出して「いる?」と声をかける塩山さん。とてもやさしい人なのです。

職員が聞きました。

「一番ほっとするのはどんなときですか?」

「やっぱり外に出てるときかな」

つらい生活が長く続いただけに、傷ついた心を回復するには十分な時間が必要かもしれません。温心寮で日々を送りながら、塩山さんがより安心を取り戻していけるように、よい距離感で寄り添っていきたいと考えています。

（飯田葉子）

2 障害、生きづらさを抱えながら

❶「ココロのすき間」を埋めるもの――川上さんの断酒のたたかい

川上桃子さんがお酒を飲むようになったのは高校生の頃です。不眠に悩んでいたときに祖父にすすめられたのが最初でした。それからは、お酒がないと寝つけなくなり、仕事に就くようになっても変わらない生活を送っていました。

川上さんは、自分の言いたいことをうまく相手に伝えるのが苦手です。そのため自分の考えや意見は脇におき、相手に合わせることで友人関係を構築していました。

当時、交際していた彼との関係を保つために、デートの食事代などはすべて彼女が出し、給料のほとんどを使って、彼の気持ちをつなぎとめるためプレゼントもたくさん贈りました。頼まれると断ることができず100万円を超えるお金を貸すこともありました。「いつか返す」という彼の言葉を信じましたが、いつまでたっても返してもらえず、それでも重ねて「貸してほしい」とくり返し頼まれることに疑いを抱くようになります。再三返金を求めましたが、結局返ってきませんでした。

裏切られたことがわかると川上さんはいたたまれなくなり、お酒に逃げるようになります。そのためさらに酒量は増えていきました。

「お酒を飲んで酔っ払うと、日頃の嫌なことや彼とのことが忘れられ、気持ちが少し楽になった」と、川上さんは当時を振り返ります。そしてとうとう金銭的にも余裕がなくなると、台所にある料理酒やみりんまでも飲むようになりました。

このままではいけないと、川上さんは病院の受診を決意。アルコール依存症との診断ですぐに入院し、3か月間治療しました。退院後は実家での元の生活に戻ったものの、目の前にコンビニ、少し歩けばスーパーがある環境では断酒は継続されず、退院後10日で病院へ戻ることになりました。

再び退院する際、前回の反省から、退院後の生活環境を変える必要があるとの病院の判断で、グループホーム（GH）に入居することになりました。GHでは、自助グループやAA（アルコホーリクス・アノニマス）などに参加しながら断酒は継続できていました。

しかし次第に、自助グループで自分の話をしたり他人の話を聞いたりするのが嫌になってきて、参加が遠のきました。周りに参加を促され「いっしょにがんばろう」といわれることが苦痛で、がんばってやめていたお酒に手を出し、スリップ（再飲酒）してしまいました。

アルコール依存症は一生完治が難しく、断酒の決意をずっと維持していかなければなりません。そのため、一滴でも再飲酒してしまえば振り出しに戻るのです。結局、川上さんは再入院します。その後、病院の管理下で制限のある生活では立て直すことができるのに、退院するとスリップを繰り返してしまうということから、退院後の施設入所が検討されていきました。

そして、今後の生活の場としてさまざまな施設が検討された結果、外出などの自由な生活を保障しながら断酒という課題への対応ができるとして、高槻温心寮に入所することになりました。

入所後の川上さんは、周囲の利用者となかなか打ち解けられず、マンガを読んだりゲームをしたりして過ごす時間が増えました。もちろん日課として作業などにも参加していましたが、新たな環境に慣れていくことがストレスとなり、その発散のため、ゲームや読書などに没頭する時間がさらに増えました。

新たなゲームソフトやマンガ、本などを購入するためネットショッピングで買い物をするようにもなりました。初めは少額のものを少しずつ購入していましたが、そのうちTVゲーム機そのものを購入するなど金額が高額になっていきました。

これではダメだと自身で気づくものの、なかなかやめられません。川上さんは買物依存になっていま

した。買い物依存症は、物で心を満たしてストレスを発散する病気です。やめなければならないのにやめられないという気持ちが過飲水につながり、尿失禁も目立つようになりました。

いよいよ支払いが困難になったとき、その対策として、スマートフォンの使用時間を決めるなどの制限を、川上さんと確認して決めました。

これまでの川上さんの依存症とのたたかいは、根本的には本人の障害による二次的な症状として現れていることが、やがてわかるようになります。川上さんには軽度の知的障害と発達障害があり、これまでも対人関係などでストレスをため込むことで、うつ症状を呈してしまっていたようです。

制限のある生活は、一見すると本人がさらなるストレスを抱える要因になるのではないかと思われがちですが、川上さん自身が「こうでもしないと買い物を続けてしまいそうで怖かった」と話すように、自らの意志ではやめることができないため、支援者の介入が必要な状態になります。

こうして、新たなストレスを生まないために、日頃の思いなどを聞く時間を設けて彼女の思いも受け止めつつ、一定の制限のある生活を送ってもらうことにしました。

この制限は、思わぬ効果につながりました。スマートフォンの使用時間が減ったことでほかの利用者と関わる時間が生まれ、徐々に利用者との関係を構築できるようになったのです。

いままでは、施設内の同年代の利用者と楽しそうにおしゃべりする姿を見かけることが多くなりました。週末には、仲のよい人と図書館へ行ったり、ウィンドウショッピングに出かけたりすることもあります。現在も飲酒のリスクを抱えてはいるものの、抗酒剤なども使用しながら、本人主体の豊かな生活が送れるよう努めています。

川上さんの夢は、40歳までに温心寮から自立することです。動物が好きで、いつかはペットショップをもちたいと夢を語ります。生きづらさのなかでも川上さんらしく、夢に向かって一歩ずつ進んでいってほしいと思います。

（山田　優）

❷ 心のトビラは押しては開かない——須坂さんの〝大人〟の人生

須坂研太朗さんは27歳の男性です。精神的な変調は子どもの頃からで、小学校から家に引きこもり、その後学校へは行っていません。ずっと母親が身の回りの世話をしてきました。

入所は24歳のとき。「お母さんと距離をおき、いつか一人で生活できるようになるために、施設に入って訓練を受けて……」との主治医のアドバイスもあり、入院していた精神科病院からの入所でした。

気に入らないとものを投げたり、蹴って壁に穴をあけたり、母親に当たることもあります。聴覚過敏の傾向もあったようで、信号機の音に敏感です。電子音も苦手で入院中はナースコールも拒絶していたようですが、温心寮に来てからは過剰な様子はあまり感じられません。

入所にあたっては、これからの自分の人生をどうしていくのか、そのための生活づくりはどうするのかについて、病院で、母親も交えてしっかり話せていたのが大きく、加えて温心寮が一人部屋であることが、須坂さんにとって何よりも安心だったようです。

金銭管理ができず洗濯もできないなどと、入所時の引き継ぎ事項にあります。子どものときからずっと家に引きこもり、人とふれあうことの少ない生活で、結局あれもこれも母親が面倒をみるという関係を解きほぐし、改めることは難しいものです。

いまも温心寮で日中、食事以外で須坂さんの姿を見かけることはまれです。引きこもりとまではいかなくても、須坂さんは1日のほとんどを居室で過ごしています。そのため徐々に、彼の居室はちょっとした「ゴミ屋敷」の様相を呈してきたようでした。もっとも、居室にはまともに入らせてもらえないため、職員間のうわさ話として引き継がれていきました。

ただ、そのまま見過ごす職員ではありません。温心寮における須坂さんの「お母さん」が登場し、毎日毎日、須坂さんに粘り強く食い下がりました。「須坂さんの部屋をなんとかする！」と決意してからおよそ1年、最近ようやくきれいになったようです。

大人の階段を上ることなく、母親の支えにより自分だけの小さな世界を守ってきた須坂さんは、いまだ少年の面影を残しつつ、最近は夕方になると新聞を読みに玄関先に現れるようにもなりました。職員のあいさつにも、さっと手を上げて気さくに応じています。はにかみながら話す彼には、「またお母さんと暮らしたい」という思いもあるようです。それでも、ずいぶんと住み慣れて落ち着きも見られ、温心寮での生活をひょうひょうと楽しんでいるようにも見えます。

家にいたときのことについて、須坂さんは多くを語りません。いま、子どもをとりまくいじめの問題などで「学校へ行かない選択肢」など、これまでの価値観に捉われない考え方がずいぶんと論じられるようになりました。いろいろな考えや議論があるのは承知の上ですが、須坂さんがこれから自分の人生を組み立てていくには、これまで苦しんだのと同じ分だけ時間がかかるのかもしれません。そして彼自身、そのことをわかっているようにも思うのです。

（田中　彰）

3 けっこう、がんばってるんよ！

❶ 自律した施設生活の安心と安全のなかで——淡々としている氷上さん

氷上徹さんは週4日、卸問屋で働いています。50代の男性で高槻温心寮では数少ない、就労している一人です。

朝6時過ぎのバスに乗り、7時には出勤して11時半頃まで働きます。仕事は配送業務です。店主が運転する車に同乗して病院など取引先を回り、野菜などの積み下ろしを行います。月収は約1万8000円。もちろん生活保護費に収入充当されます（働いた分は必要経費を控除して生活保護費が減らされることになります）。

氷上さんは無口で、あまり自分の話もせず、日々淡々と過ごしている印象です。仕事も長く続いています。出勤しない日は、録画したドラマや映画を見て過ごします。外国のものよりも邦画が好きなのだそうで、自分で録画したたくさんのＤＶＤがきちんと整理整頓されています。

また月に一度、温心寮の会議室で行われる「温心寮ＡＡ」では、リーダーとしてミーティングを主体的に運営します。

「温心寮ＡＡ」とは、アルコール依存症の人たちの会をオープンに開催する場所として高槻温心寮を提供するものですが、会場の設営・片付けから地域の仲間のカンパを取り扱ってのお菓子やコーヒーの用意まで、氷上さんが行っています。

ＡＡのミーティングは依存症者が自身の経験を語る場ですが、氷上さんは司会進行に徹しています。自分のことは「別に話すことないよ」と淡々としています。

温心寮で行われるのに、残念ながら温心寮利用者の参加は減っています。そんななかでも氷上さんはやめずに続けています。なぜなのかを聞いたところ「他にやる人がいないから」と、こちらも淡々としたものでした。

このように自己主張が少なく控えめですが、その氷上さん自身、ＡＡとの出会いによって救われ、粘り強い継続が今日の氷上さんを支えていることを、職員はみんな知っています。

そんな氷上さんは薬も自己管理し、居室もきれいに片付けられていて、地域で生活する力は十分にあります。居宅生活訓練の候補に毎年のように名前があがるのは自然な流れです。

しかし氷上さんは、その訓練を拒否しています。理由は借金です。地域生活に移れば取り立てが来

るのではないかと心配しているのです。温心寮にいる限りその心配はないというのが氷上さんの考えです。

その借金も、職員とともに手続きを進めて解決の目途がたちました。最近は、地域へ出るのをためらう気持ちに少しずつ変化が見られるようです。

（飯田葉子）

❷いろいろあって、いろいろあるけど——石山さんの居宅訓練

石山直美さんは、精神障害のある40代後半の女性です。病院を退院後、グループホームや一人暮らしを経験しましたが、いずれも生活が行き詰まって温心寮に入所しました。

地域生活の実体験があるため、「また一人暮らしがしたいけど、どうしたらいいかな？」「居宅生活訓練を受けてみたい」などと、よく支援室に相談に来ていました。その都度のアドバイスにもしっかり耳を傾け、理解もきちんと得られたように思えました。ユーモアもある人でしたから、「温心寮に来るまで、地域で何が課題だったのだろう？」と不思議で、居宅生活訓練もスムーズにいくだろうと思われました。

実際に訓練を開始すると、最初の3日までは「快適や」と順調そうに見えました。ところが4日目から、隣の空き部屋に「ひとがいる。ホラー映画の女だ」と恐怖と不安の訴えが始まりました。

居宅生活の訓練ルームは2か所あります。まずは温心寮から少し離れた訓練ルーム「コスモス（3DK。つまり3室で最大3人まで使える）」で訓練を開始しましたが、すぐに暮らせなくなってしまいました。いったん施設の自室に戻った後、温心寮に隣接した建物の個室（訓練ルーム「パンジー」）で訓練することになりました。

しばらくして落ち着きが見えたので、いろいろなことをしてもらうことにしました。生活上の石山さんの

さまざまな能力、できることできないこと、得意なこと苦手なこと、その時々の表情もつかみながら、職員は石山さんの人となりを見ることができました。

そんな石山さんの居宅生活訓練における日々は、虐待された過去があるとは思えないほど、几帳面でいて、素直でやさしいものでした。いくつかエピソードを紹介します。

●栄養についての学習会を開催しました。まずは居宅生活訓練を受けている人どうしで学びあい、次に栄養士、看護師を講師に学習しました。そして学んだことを他の利用者に教える機会を設けたところ、石山さんは参加者の前でホワイトボードを使いながら、落ち着いて上手に説明することができました。

●自身が抱える不安感や寂しさ、怖さを切り離すための認知行動療法など、自分のしんどさがどこからきているのかを知るために、専門の本を読み合わせて学習しました。

●料理実習では、包丁の使い方もていねいで上手です。既製品を使わず牛丼なども手づくりしました。

●施設内で喫茶店も開店しました（店名は例のホラー映画の女性名。なんという悪趣味！）。ほかの居宅訓練者と職員を対象に、コーヒーとお菓子で盛況でした。

●ダイエットのために、職員ともどもウォーキングをがんばる（！）はずでした。が、職員といっしょの時は楽しくがんばれるのに、一人ですることは1回もありませんでした。

●いろいろ考えてしまいストレスがたまりやすい石山さんは、ストレス発散方法を開発しました。それは、訓練ルームで大好きなCDをかけての「ひとりカラオケ」絶唱！　時には職員も大きな声でいっしょに歌いました。ダンスも自作自演です。

●金銭出納帳もきっちりつけることはできました。でもたいてい、赤字でした。

●施設内就労では、洗濯物たたみと職員トイレの掃除をしていました。とてもていねいな作業で、特に職員トイレの清掃は職員に好評でした。もっとも、洗濯物たたみと比べると何かと休みがち……、でした。
●市の障害者団体による障害者のファッションショー（その名も「高槻コレクション」）が開催されることになり、石山さんが参加することになりました。ドレスを何着も試着しました。でもサイズが大きすぎて入らない（！）ので、少し衣装を加工して出演し、レッドカーペットを歩きました。

実は彼女の子どもの頃からの夢は「お嫁さんになってバージンロードを歩くこと」。まるで夢が実現したように大喜びでした。

現実的な夢は、当時つき合っていた彼氏と結婚して子どもを産んで「シチューのコマーシャルでやっているような、笑顔で食卓を囲むような家庭」をつくることです（ちなみに花嫁さんになってバージンロードを歩くときのBGMは、西野カナの「トリセツ」に決めているそう）。

訓練を通じて、石山さんの生活課題として、金銭管理の困難さ、仕事が続かない（日課の確立）、健康管理、感情のコントロールなどが見えてきました。とても几帳面でていねいで、料理や掃除や衣類整理もできるのに、なにごともすぐに疲れて続きません。何でもこなす能力はあるけれども、まず頭で考え過ぎ、そして結局体が動かなくなって続かないのです。

現実には、一人暮らしの日々をこなすだけの体力がもたないということです。朝起きて顔を洗い、朝食をつくって食べ、仕事に行く……。そのそれぞれはできてもリズムがとてもゆっくりで、途中で疲れてしまい、1日で終わりません。そして「考えてしまう」と不安や恐怖感がこみ上げてきます。

これら状態の根本は、すべて「感情のコントロールが下手なこと」からきているようでした。幼い頃に受けた父親からの虐待や母や兄の死などが重なりあい、石山さんの心には大きな傷が残っているようでした。その傷はとてつもなく深く、主治医によると「負の経験が大き過ぎるため、それを超える安心経験をたくさんしないと回復はなかなかできない」ということでした。最終的に主治医から、いま「一人暮らし」は難しいと言われました。

こうして石山さんの居宅生活訓練は約1年半でいったん終了となり、温心寮に戻ることになりました。3DKの訓練ルーム「コスモス」では、同時に居宅訓練をする利用者との共同生活になり、過敏なために相手のことを気にしてしんどくなってしまいます。「パンジー」のような一人部屋では、不安感と恐怖感がつのって過ごせません。そしていろいろ考え過ぎて、思いに身体がついて行かず、現実の生活が成立しなかった。職員による訓練の振り返りはこういう結論になりました。

ところがその後、石山さんの彼氏が、なんと石山さんの親友（温心寮の利用者！）と交際するよ

うになり、石山さんは彼と別れることになりました。その友人と同じ施設、同じフロアで生活することがしんどくて、彼女は温心寮を出てグループホームに引っ越すことにしました。

グループホームでも相変わらず、つらいことや不安、寂しさ「いろいろあるけど……」と話す石山さん。これからも「彼女らしく」がんばって「彼女の暮らし」を続けていくことでしょう。

（向井禎子・飯田葉子）

3 希望を持ち続けること――卯田さんの夢と施設の見えない財産

卯田穂香さんは軽度の知的障害と精神疾患がある34歳の女性です。

入所依頼書には「悪性症候群*となり混迷状態継続から廃用症候群**となる」とありました。つまり、30代の若さで一時「寝たきり」のような状態になった人です。そうなった約3か月間のことはほとんど覚えていないそうです。

入所当初は車椅子利用でした。そして理学療法士との週2回のリハビリを経て歩行器に移行しました。リハビリは「受けたい」という自身の希望によるものです。

卯田さんは、救護施設合同文化行事で「温心寮フラガールズ」の一員としてフラダンスを披露しました。このときも歩行器を使いながらのダンスでした。その後、杖歩行に移行し、そしてその杖もほとんどない状態でダンスの練習ができるほどになり、いまは自分の足でしっかり歩けるまでに戻りました。

卯田さんには目標があります。地域で一人暮らしをして、働くことです。いつか結婚したいという夢もあります。意欲的であることが彼女の強みです。

入所間もない頃は温心寮の生活に慣れず、勝手がわからないことや車椅子の不便さなど自分の思うようにできないことから、感情的になる場面も見られました。ほかの利用者が外出している姿を見ると「私も行きたい！　ずるい！」としばしば立腹していました。

施設の支援体制の不十分さもあって当時、卯田さんがいたフロアでのこまめな外出は難しい状況でした。それでも小グループに分けて順番に外出していました。卯田さんにそのことを説明しても、日々の日常的な希望がかなわないことで冷静さを保てず、なかなか話を聞いてもらう状態になりませんでした。いくら説明をしても「それは職員側の事情」「納得できない」となります。そのため卯田さんの「結局なんだか納得のいかない」ことが生活のさまざまな場面で生じていました。

しかし、卯田さん自身のがんばりでリハビリを継続するなか、だんだんと歩行機能が回復し、それに伴い筋力もついてきました。いまでは近くのスーパーに買い物へ出かけることもできるようにもなりました。こうして卯田さんは、地域で暮らし働く、いつかは結婚もするという、人として当たり前の希望を実現するための日々、将来の生活づくりのための基盤や環境を、少しずつ取り戻していきました。

並行して、温心寮の生活に慣れるにつれて心もほぐれ、何よりも笑顔を見られる場面が増えたように感じます。卯田さんは本来人なつっこい人で、いまでは仲のよい利用者と談笑する姿を毎日のように見かけます。

午前中は陶芸作業、午後はいなほ作業に参加しています。いずれも自ら希望して日課を確立しました。仲のよい友人が通うのを見て「自分もいきたい！」と、今後は病院のＯＴ（作業療法）にも通う予定です。

＊　悪性症候群――主に精神病薬により引き起こされる副作用で、高熱や発汗、意識障害や、話しづらさや飲み込みにくさ、手足の震えや血圧上昇などの神経症状がみられる。

＊＊廃用症候群――病気やケガなどの治療で長期間安静にすることで、全身の筋肉をあまり動かさない状態が長期間続くと、筋肉や関節、臓器の能力の大幅な低下や精神状態に悪影響をもたらす症状のこと。現在は「生活不活病」を呼ばれている。

卯田さんには他にもやりたいことがたくさんあります。将来のことを考えると不安もありますが、それ以上にわくわくする未来を感じているようです。

卯田さんの様子から私たちは、自らの生活を主体的に決められないことが、大きなストレスとなることを実感させられました。人が日々穏やかに過ごすためには何が大切なのか。そして、すべての人に当たり前にあるはずの自由や決定権が、施設に暮らすという制約のもとで欠けたり、奪われたりしてしまいがちであることを改めて教わりました。職員は、よりよい支援を提供したいと日々奮闘していますが、意図しなくてもこのような事態が生じてしまうことを忘れてはならないと思います。

卯田さん自身の、葛藤しつつも努力をやめなかった日々の姿は、環境を問わず人は変化し成長することができることを示していました。一方で卯田さんの変化は、実は施設の暮らしには多様なゆたかさがあり、それらが有機的に絡みながら利用者、職員に作用することを示唆しています。

温心寮は利用者200人の大きな施設であり、個別の生活を大事にしているとはいえ、すべての生活が上手にまわっていくための決まりやルールはあって、生活する側からすると堅苦しく感じる部分もあります。しかし、利用者が多いということはたくさんの出会いがあるということでもあります。思いを寄せる人ができたり、その人に手紙を書いて渡したり、がんばりを見てほしくてリハビリに励んだり……。

つまり、卯田さんがもともともっていた意欲を引き出すためのさまざまな刺激が温心寮にあり、有形無形に彼女によい形で影響したことは間違いありません。施設にはそんな目に見えない財産があるように思うのです。

とはいえ、一人暮らしや就職という次の目標や夢に卯田さん自身が向かうためには、まずは日々安心していられる環境であり、施設であることが大切です。そして卯田さんにはきっと、希望をすてず夢に向かってがんばっていく力があるはずです。

（飯田葉子）

4 家族への想い、家族の思い

❶「にいやん」と「たみちゃん」——兄妹利用者の光山さん

光山優さん、多実子さん兄妹には、二人とも知的障害があります。

両親が亡くなった後、ほかの兄弟が優さん兄妹の面倒をみていました。光山さん兄妹の生まれた頃、障害のある子どもを抱える家庭は家族で面倒をみることがまだまだ当たり前の時代でした。養護学校が義務化されるのも、もっと後のことです。

そして、兄弟が障害のある優さんたちの面倒をみていくことが難しくなり、兄妹そろって温心寮に入所することになりました。入所依頼書には、当時の家族が苦労しながらも優さん、多実子さんを大切にしていたことが記録されています。

入所後の二人は温心寮での生活にも馴染んで、ほかの利用者とも仲よく、充実した毎日を元気に過ごしていました。優さんは妹の多実子さんをとても大切にしていて、生活の場こそ男性棟と女性棟に分かれていましたが、作業やクラブ、あるいは中庭の芝生で過ごすときなど、何かにつけて「たみちゃん、たみちゃん」と声をかけていました。

また廊下ですれ違ったときに二人が見せるやりとりや笑顔は、職員にとっても「兄妹入所だからこそ見られる笑顔」で、救護施設としての役割を実感するときでもあり、気持ちが温められるときでもありました。

長い年月を重ねるなかで、やがて多実子さんは車いすが必要な状態になり、優さんも内科的な疾患から入院することが出てきました。入院する際、光山さん兄弟にはタイミングを見計らい、あまり心配をかけないように配慮しながら職員が伝えました。優さんは、自身が入院したときでさえ「たみちゃん元気か?」と気づかう人でした。

その後、多実子さんは日常的な介護が必要になり、体調を崩して入退院を繰り返すようになってきました。職員としては、光山さん兄妹が温心寮でいっしょに暮らし続けられるよう工夫して支援をしてきましたが、このままでは多実子さんが健康に暮らし続けていくことが難しくなっていくと懸念されました。

そこで、多実子さんが今後の生活をどこで送ることが望ましいのか、職員間で悩みながら相談しました。そして多実子さんにも施設の見学などしてもらい、特別養護老人ホームへの入所を申し込むことになりました。老人ホームを選ぶにあたっては、多実子さんと優さんが行き来できるよう、温心寮から遠くないところを条件にしました。

生活の場が二か所に分かれてからも、折に触れて面会の機会をつくるようにしました。時には多実子さんに、温心寮の行事に来てもらうこともできました。それは優さんだけでなく、利用者にとっても職員にとってもたいへんうれしく、行事がよりいっそう楽しく意義深いものになりました。何よりも多実子さん自身が、馴染みの顔を見て元気を得ているように感じました。

多実子さんが老人ホームに移ってから3年、本当の別れのときがやってきました。多実子さんがターミナルケアの段階であるとの連絡が、老人ホームから入ったのです。優さんにどのように伝えればよいのか、職員

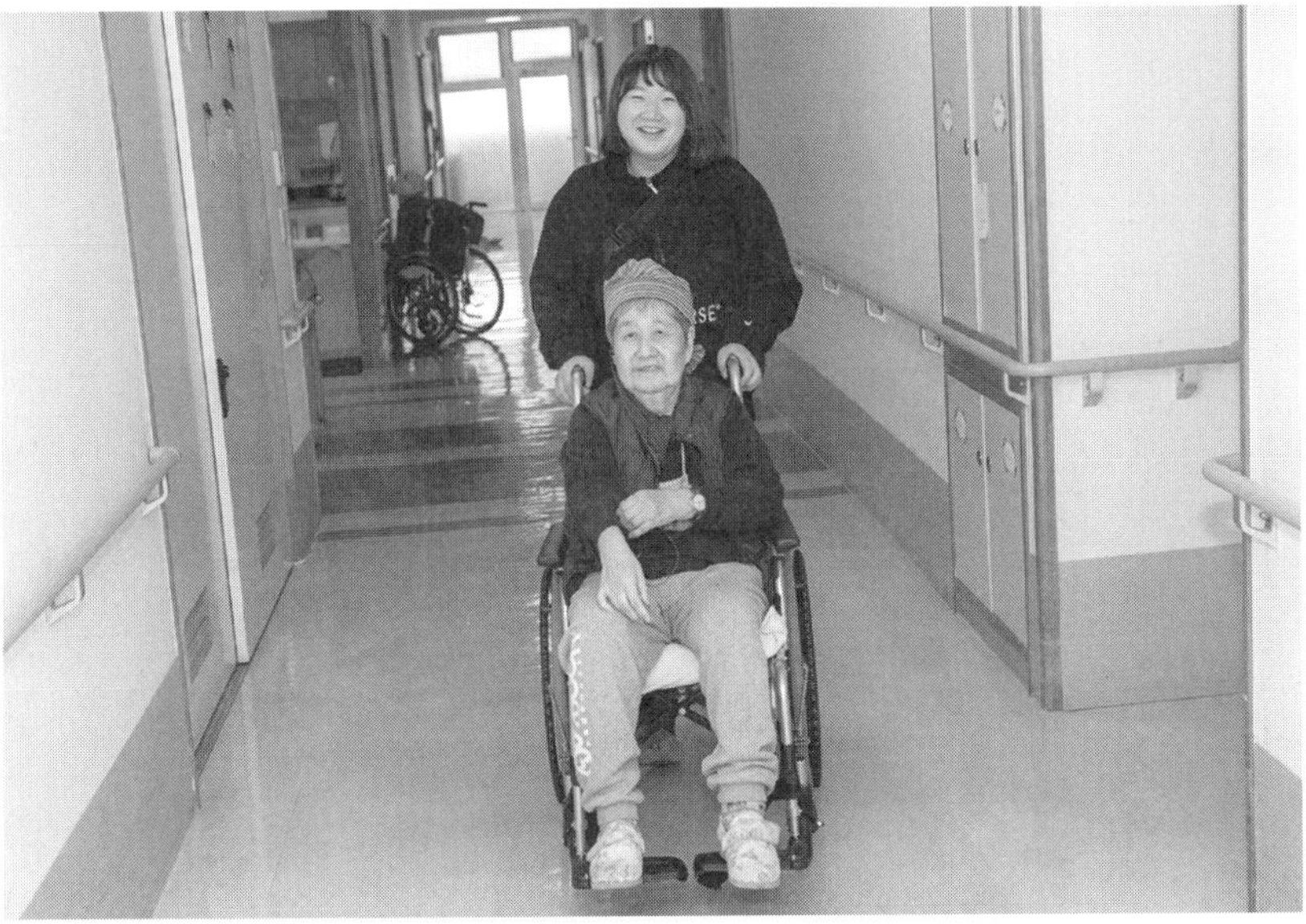

で話し合いました。面会に行って多実子さんの様子を見てもらうことが一番ではないかとの結論になり、優さんといっしょに老人ホームを訪ねました。「たみちゃん、元気か」と声をかける優さんでしたが、いつもの会話をかわすことが難しい状態でした。

多実子さんの危篤の知らせが入ったときも、すぐに向かいました。優さんは多実子さんを大事そうに見守りながら、最期を見送りました。

兄妹が温心寮で過ごした時間は、二人にとっても職員にとってもかけがえのないものでした。高齢の人もいるとはいえ救護施設は介護施設ではありません。多実子さんが老人ホームに移った後、優さんも老人ホームへの入所が必要な状態になれば同じところがいいだろう、と話していました。老人ホームで過ごしたからこそ多実子さんの看取りができたのだと思いますが、一方で大切な優さんとの時間が少なくなってしまったのではないかという思いが、強く残っています。

ところで妹の多美子さんが亡くなった後も、家族関係はほかの兄弟の息子や娘の世代に引き継がれています。

そして、叔父にあたる「マサちゃん（優さん）」の面会に、いまも忘れる間のない間隔で訪れます。面会の様子には、父母から託された、障害のある家族への混じり気のない愛情を感じます。叔母である「タミちゃん」の最期のときも、この甥や姪の家族が付き添っていました。

家族関係が世代を超えて穏やかに引き継がれながら、理解され慈しみを受ける光山さん兄妹の様子や家族との交流は、支援者である私たちを温かい気持ちにいざなうものになっています。

このように、人生の後半生を施設で過ごし老いを迎える、さらにいえば施設に長く暮らし続けることが、その人の人生そのものとなっている光山さんのような人は、いまだ一定数存在します。このような利用者の人生や家族との関係は、その人らしい暮らしの継続が保障された、しっかりとした施設生活の安心提供がなされていればこそだと考えます。

制度上の問題点を指摘すれば、光山さんは高齢者の施設ではなく救護施設において、その生活の安心提供を受けていることが問われる面もあります。しかし、住み慣れた施設で穏やかに過ごす光山さんのいまの日々を大事にしたいというのが、私たち支援者の思いなのです。

（松木まゆみ）

❷「甘え過ぎるから距離を置きたい」——介護福祉士になった沖濱さん

沖濱結花さんは39歳の女性で、4人姉妹の長女です。大学中退後、職を転々としながら精神症状が悪化し、病院や支援団体も転々としてきました。高槻温心寮に来たのは30歳のとき、7つ目の精神科の病院を退院しての入所でした。

沖濱さんが仕事を次々と変えていった原因の多くは、職場の同僚や上司からの悪口やいじめでした。細身で小柄なため、年齢より幼く見えます。施設見学者にも、子どもと間違われるほどです。そして物静か。「(働いていた頃)あの子にはこの仕事、もたん(続かない)やろなあ、とかいろいろ陰口されました」と、いまは笑って話す沖濱さんですが、大学を中退し先行き不安でしんどい精神状況のなか、苦しい日々だったことと思います。

そして沖濱さんは、職場で受けた仕打ちのはけ口を、家族に向けるようになってしまいます。自分自身ではどうしようもない思いやしんどさを、母への暴力や妹へのいじめに転嫁させることで、精神的な安定を得ようとしたのかもしれません。

沖濱さんの両親は彼女のためにアパートを借り、別れて暮らすことで家族の生活を守ろうとしました。毎月高額の援助をして単身生活を支えていましたが、このような生活は続きません。そのため将来的な視点で沖濱さんの生活を考え、病院のケースワーカーと相談しての、温心寮入所という選択でした。

入所当時の沖濱さんは表情も暗く、「施設に入所した」という事実を懸命に受け入れようとしている様子でした。入所の大きな目的は「一人暮らしをするための生活の基盤をつくること」とされ、沖濱さんも理解していましたが、それが「いま、しんどい」からと、当面の目標は施設に「慣れること」になりました。

「しばらく世間にふれていなかったので少し怖い」という沖濱さんは、周囲と会話することもほとんどなく、毎日のように出かけて自分の居場所を探しているようでした。それは近くの散歩だったり図書館だったりしました。

両親も代わるがわる面会に訪れ、そんな外出につき合ったり、あるいは行先を決めて出かけたりしていました。おそらく、沖濱さんの気持ちに懸命に寄り添おうと、間隔や頻度も考えてのことだったと思います。

そんな施設の暮らしのなかで沖濱さんは、悩み苦しみながらもわずかな光明にすがるかのように、自分の思いを少しずつ職員に伝えるようになります。「同じ年代の友だちができたら……」「少しだけでも思いを話せるような関係がつくれたら」と、試行錯誤のようなやりとりや取り組みが、職員との間、あるいはフロアの利用者のなかで、少しずつ行われていきました。

そして彼女は「大学へ入り直したい」との思いを職員に打ち明けます。疑心暗鬼で両親に連絡するとごく自然にOKが出て、職員があれこれ考える前にさっさと段取りができ上がってしまいました。

この頃は両親としても、娘の願いをかなえてやりたいのはもちろんのこと、施設に迷惑をかけないよう自分たちができるだけのことをしなければならない、との考えだったように思います。

こうして沖濱さんは通信制の大学を受験し、見事合格。おそらく自身の心の奥底に封じていたのであろう夢の実現に向けて、新たな一歩を踏み出しました。

施設には利用者ごとに個別の支援計画があります。沖濱さんの入所の年の支援計画の「本人の思い」欄は、空欄が目立ちます。翌年は「周りの人の動きが早くて悩んでいる」「他人がわからない」「自分の力がわからない」としながら、それでも「施設で英会話教室をやってほしい」とあります。さらに翌年は「いろいろありすぎて悩んでいる」けれども、「大学を終えたら、いつかは一人暮らしをしたい」とあります。

そして両親については、「関係をつくるのが難しい」としつつ「甘え過ぎるから距離を置きたい」とも話していたようです。

両親は、行事のときなどには必ず温心寮を訪れます。そして「最近（あの子）すごく笑顔が増えた気がするんです！」という話に、職員も実感を込めて「そう、それは私たちも思っているんです」と応じています。というのも、施設のパフォーマンス・フェスティバル（実は高槻温心寮でいちばん盛り上がる行事！）の「職員の出しもの、よかったです！」とか、本人からの要望を職員が連絡ミスでうっかり、なんてときも「もう、こらあ！」と、魅力的な笑顔を見せる沖濱さんなのです。

こうして若々しい感性、エネルギーとともに、沖濱さんらしく一歩ずつ、ゆっくり歩き始めたのですが、その後彼女なりに考えたのか、大学はちょっと「お休み中」になります。そして沖濱さんは新たなチャレンジを決意します。それはヘルパー2級の資格取得です。自室では集中できないからと、図書館に通って勉強する姿がありました。

そして沖濱さんは見事に資格を取り、なんと施設を出てヘルパーとして働きながら、温心寮に通所するようになりました。数年後にはさらに介護福祉士の資格にも挑戦。「温心寮のほうが集中できる」と時折、仕事の合間にやって来て、地域交流スペースの片隅で参考書に向き合う日々を過ごしていました。

そして介護福祉士にも合格。資格取得により時間給が上がったため、生活保護廃止となって自立しました。

いまも沖濱さんは、仕事のあい間に温心寮に顔を出します。家族のことはほとんど話しません。私たちも聞きません。職員は誰も、口には出さないけれども心の中で沖濱さんにエールを送っています。両親も、そんな彼女を黙って見守っているのだと思います。それがこれまでよりは落ち着いた、安心したまなざしであることを、私たちは望んでいます。

（山田　優）

❸ 子どもから虐待を受けても親は親——中田さんの当たり前の思い

中田亮子さんは60代の女性です。身体障害・精神障害があり、車いすを利用しています。中田さんが高槻温心寮に来ることになったきっかけは、子どもからの虐待でした。

中田さんは、大阪府南部で生活保護を受けながらの一人暮らしでしたが、たびたび病院に救急搬送される

ことがありました。原因は、きちんと食事を取れないことによる体調不良・栄養失調でした。

中田さんには別居する息子と娘がいました。息子はたびたび家にやってきて、「お金がなくて困っている」と中田さんに無心します。中田さんは、自分の生活費を削って息子にお金をわたしていました。そのため、中田さん自身が健康な生活を送れる状態ではなくなってしまいました。最終的に、年金や生活保護費が振り込まれる銀行口座を、息子が管理するまでになっていました。

中田さんが入院していた病院のケースワーカーが不審に思い、生活保護ケースワーカーに相談したことで、息子との関係（経済的な虐待、ネグレクト）が明らかになりました。けれども中田さんにとっては「親として困っている息子を助けるのは当たり前」で、まわりの支援者が「息子さんは、自分の人生を自分で歩けるようにすることが必要」といくら話しても、なかなか受け入れてもらえませんでした。

とはいえ、そのまま家にいたのでは中田さんの健康状態が悪化し、命の危機は避けられません。生活保護課、障害福祉課のケースワーカーも関わって、緊急で温心寮に入所することになりました。娘にもいろいろな事情があり、中田さんを援助することは難しかったのです。

そこで成年後見制度を申し立て、後見人が選任されるまでを入所期間のめどにすることで、中田さんを説得しました。同時に、息子への支援も必要との判断で、生活の立て直しのために生活保護ケースワーカーが関わっていくことになりました。

自宅は大阪府南部のため、北部に位置する温心寮の近くで息子に出くわすことはないとも考えられましたが、万が一も想定し、当面は外出も制限、通院もできるだけ短時間ですむように工夫しながら支援を続けました。

そのようななかで、中田さん自身は「息子がちゃんとご飯たべているか心配。息子に連絡してほしい」と、一日に何度も職員に話していました。

その後、成年後見人も選任されて「家に帰れる」と喜ぶ中田さんでしたが、息子は就労先がなく、支援も受け入れず、生活に困窮する状況でした。このままでは中田さんがまた元の生活に戻ってしまうと容易に予測されるため、中田さんの期待に反して温心寮で生活せざるを得ない状況が続いています。

「息子がどうしているか、知りたいです」

折に触れて職員にこう尋ねる中田さんに、いつ、どうすれば家に帰れるのかを伝えられないことが職員にとってもつらく、見通しがなかなかもてないなかでの暮らしづくりには難しさを感じます。

息子も生きづらさを抱えているのだと思いますが、中田さん母子がともに安心して過ごせるようになるためにはどんな環境が相応しく、どんな支援が必要なのか……。福祉に携わるものとして、中田さんの安全、安心を守りつつ、思いをしっかりと受け止め考えていくことが求められています。

（松木まゆみ）

コラム　「生きづらさ」のその先に、いま見えるものとは――西嶋さんの手記

施設を出て地域で暮らすために居宅生活訓練を受けている西嶋翔太さん（利用者20代、男性）の手記を紹介します。

逃げるように……

私は母と妹と三人で生活していました。小さい頃から人が怖くて仕方なく、家族も嫌で家出をして逃げたり、学校から帰らなかったりすることがよくありました。高校卒業後、働きだした板前の仕事もうまくいかず、自信もやる気もなくなりました。それでも早く家から出したい親がいて、焦りは頂点でした。

そのとき、仕事探しに協力してもらっていた親の生活保護の担当の人に、温心寮の存在を教えてもらいました。私は「ここしかない」と、逃げるように入所しました。

母は精神病にかかっています。私が小学校低学年の頃に父親や親戚と不仲になり、離婚、絶縁と続き、そうなったと聞いています。私が子どもの頃から、うつと躁をくり返し発症していました。うつのときは1日中寝込んでいたり、薬の大量摂取による救急搬送が何度もあったりしました。また、躁のときは激しく買い物をするなど、ものすごく活動的でした。

そのような環境でしたが、周りの人に非常に恵まれていて、何度も助けてもらいながら、私たちは生きてきました。いま思えば、このときのつながりがなかったらどうなっていたのか……。考えたくもありません。

子どもの頃は

私は小学生の頃から人との関わりに苦手意識があり、友達はいましたが避ける傾向がありました。話すことはできますが、常に相手の機嫌を見ながらで、疲れることがよくありました。また視線が気になり、いつも顔を伏せて歩いていました。

これらは中学校に入っても変わらず、むしろ悪化して、人と話すのは苦痛でしかありませんでした。小学校のときもそうでしたが、不登校気味になり、登校し

ても保健室に行っていました。一番つらい時期でした。

高校は、家から離れた学校に通っていました。クラスは6人の少人数でした。最初こそはりきって話していましたが、次第に疲れるようになり、ストレスがたまりました。どうしても自然に話せませんでした。

ピアノへの思い

ピアノを始めたきっかけは、パソコンでドラゴンクエストの曲を弾いている動画を見て、「こんなふうに弾けたらカッコいいやろうな」と思ったことです。憧れでした。偶然、親戚からもらっていたキーボードを使い、動画の指の動きに合わせて見よう見まねで練習しました。そして、一曲を弾き上げられるようになりました。

すると、私の演奏を聞いてもらうために、親が友人たちを連れて来ました。いろいろな人からほめてもらいました。そして今度は楽譜を買ってもらいました。とてもうれしくて、動画で楽譜の読み方を学びました。

ほかにも好きだった曲を練習しているうちに、ピアノを習ってみたいと思いました。親に相談したところ偶然、知り合いが個人でピアノ教室をしていることを知り、習い始めました。基礎練習などはほぼ省いて、好き

▲ 居宅生活訓練で自炊に励む西嶋さん。

▲ ホールに西嶋さんのピアノのピュアな音色が響きます。

なように弾かせてもらいました。発表会などにも数回出させてもらいました。貴重な経験でした。

しかし、家を出る頃にはピアノ教室にも次第に行かなくなっていて、先生に何も伝えられなかったことが心残りです。もう一度しっかり向き合っていきたいと思っています。

温心寮で暮らしてからは

温心寮に入所したときは、親から解放されてものすごく安心しました。生活の質は悪かったと思います。特にすることもなく、ただただ過ごしていました。目標も何もなく……。何かしなければいまの状況から抜け出せないとは思っていました。でも何もやる気が起きず、ただゲームをして寝るだけの生活は変わりませんでした。

そのようなとき、居宅生活訓練を受けてみないかと声をかけてもらい、チャンスだと思って受けることにしました。

訓練でさまざまな人といろいろな取り組みで出会い話すのが、楽しくて刺激的です。最初は人と話すのがつらかったのですが、最近は楽しく感じることも多くなりました。自然に話せる友達もできました。朝食や昼食の自炊も、おいしくできるとうれしくなります。昔と比べるとかなり明るくなったと実感しています。ただ、面倒くさがりなので、掃除など身の回りのことをするのがつらいところです。

訓練を受けての変化は、人と自然に楽しく、冗談も交えてしゃべることができるようになったのが一番大きいと思います。もともとしゃべることは嫌いではなかったのかなと、いまになって思うようにもなっています。

これからの「夢」

一番の目標は、マンションで一人暮らしをすることです。ただ、いまの自分にはまだ自信がないので、その準備のためにグループホームに入り、少しずつ一人暮らしに近づけたいと考えています。

それから、働くことです。正直なところ、お金が目当てです。動物が大好きなのでペットも飼いたいし、動物の勉強をして、動物関係の仕事をするための資格も取りたいと思います。

ほかにも、ゲームが好きなのでいろいろなゲームを買うこと、まだ未練があるピアノをまた習うこと、実家にいたときはまったくしなかった外食をいろいろな店ですること、子どもの頃は小遣いがほぼなかったのでいろいろなものを自分で買うこと、そんな夢があります。


（一部職員による編集）

第2章

これまでの人生、これからの人生

1　人生はドラマティック

❶ 人生の「けじめ」――佐山さんの場合

高槻温心寮は定員200名のため比較的敷地が広く、建物も大きい施設です。その施設のどこにいても、彼が働いている姿はきっと誰もが目にする光景です。

佐山寿彦さんは入所して20年ほど。いまは365日休むことなく、洗濯物たたみ、ゴミ集め、周辺の掃除とフル稼働の毎日です。あちらこちらで精力的に身体を動かしながら、ほかの利用者や職員をねぎらったり、時には冗談も飛ばしたりして、多くの人に慕われる存在です。しかし入所以前の彼の人生は、現在の姿からは想像もつかないものでした。

佐山さんはかつて傷害事件を起こしました。翌年、裁判の判決を待たず保釈直後に逃亡します。それ以後偽名を使い、飲食店などでの仕事を転々としながらなんと20年間、逃げ回っていたのです。やがて自ら警察に出頭し、裁判で実刑判決を受けました。裁判官からは次のように諭されました。

「逃げ得を許すわけにはいかないが、逃亡中に制裁を受けたともいえる。昔悪いことをした人にも見えず、心情的には気の毒だがやったことのけじめは必要。しっかりやりなさい」

結局1年半で刑期を終えることができ、出所。偽名ではなく、再び「佐山寿彦」としての人生を歩むことになりました。

しかし、更生をめざす佐山さんの前に立ちふさがったのが、自身の身体状況の悪化でした。足が思うように動かなくなって仕事を続けることができず、生活保護を受給しました。しかし、受け取ったお金は酒とパチンコに使ってしまうような状況でした。

それでもなんとか就職し、いったんは保護辞退にまでたどり着いたものの、数か月で再び体調が悪化します。今度は杖なしでは歩けなくなってしまったのです。なげやりな気持ちになった佐山さんは、再び酒に浸る日々に戻ってしまい、ついにはアルコール依存症と診断されてしまいました。

アルコールの影響は脳にもおよび、昨日のことが思い出せないなど記憶障害も見られるようになりました。困り果てた近親の人たちが「施設で世話になることはできないか」と福祉事務所へ相談し、温心寮に入所することになったのです。

佐山さんはもともと、自分自身に対して厳しい人でした。入所してからも、思うようにならない自分自身に歯がゆい気持ちを抱いていました。そしてあるとき、誰にも告げずに施設を出てしまいました。

近くのバス停で彼を見つけた職員が声をかけるものの、「もう少し一人で考えたい」とその場を動きません。結局、応援に駆け付けた職員の働きかけに応じて施設に戻りましたが、「その日の日付もわからず、昨日のことも忘れてしまう。情けない。今日は死に場所を探すつもりだった」と、日々の苦しい胸の内を隠そうとはしませんでした。

しかし、気持ちを打ち明けて心が晴れたのか、佐山さんは徐々に立ち直ります。近隣の作業所への通所をはじめ、施設内での作業と洗濯物たたみも始めました。そして誰が頼んだわけでもなく、日課として施設内外の掃除もするようになりました。

途中、たびたびの飲酒や足の具合の悪化のために作業所通所の中断もありましたが、どのようなことがあっても〝佐山寿彦〟としての新たな人生を、誰もが信じ続けました。逃亡を続けていた姿ではなく、どんな日も掃除を続ける自分自身に厳しい姿、職員やほかの利用者を温かく気づかう姿こそが、佐山さんの本当の人柄だと感じていたのです。

現在はお酒に手を出すこともなく、自ら毎日働き続けています。その佐山さんは、いまも裁判官の言葉を胸に刻み、人生の「けじめ」をつけ続けているのかもしれません。

（吉本　純）

❷ 笑顔の裏側には――国松さんが生まれ変わるために

救護施設に入所する利用者には、DV被害を受けてきた人も少なくありません。常に笑顔を絶やさない女性、国松弘恵さんもその一人です。誰であれ明るいあいさつを欠かさない国松さんが、温心寮に入るまでの人生は、どのようなものだったのでしょう。

国松さんは幼い頃に父親を亡くし、その後は母と年の離れた姉とともに暮らしてきました。中学卒業後は食品工場で働きましたが、厳しい勤務形態もあって長くは続かず、家事手伝いをしながら日々を送っていました。やがて母親が再婚することになり、国松さんは母の知り合いという男性を紹介され、同居することになりました。国松さんが見知った人だったとはいえ、同居を強制されたことにショックを受け、引きこもりの生活となってしまいます。

それでも国松さんは、なんとか生活をしていました。その同居男性との間に子どもも生まれましたが、生活は経済的に行き詰まり、生活保護を申請することになります。同居男性は生活がうまくいかないことから日常的な飲酒に走り、国松さんは日常的な暴力など虐待と考えられるふるまいを受けるようになりました。

その様子に気づいて動いたのが姉でした。姉も結婚していましたが、比較的近くに住んでいたこともあり、国松さんのところへ様子を見に行くようになります。そして生活に困っていることがわかると、食料品など日々欠かせないものを国松さんにわたして援助していました。

ところが、その様子を見ていた同居男性が、姉からの援助をあてにするようになります。最終的には国松さんに暴力をふるい、姉のところに食料品のほか酒、お金までも取りに行かせるようになってしまいました。

子どもにだけは暴力をふるわれたくなかった国松さんは、しぶしぶ姉のところを訪れるようになります。時折ケガをして姉宅を訪れていた国松さんに、さすがに姉も不審を抱きますが、さらなる心配を姉にかけたくない国松さんは、暴力について何も話しませんでした。

そのような暮らしが続いたある日、近隣住民から警察に通報が入りました。同居男性が飲酒して国松さんに暴力をふるっている様子だ、との通報でした。国松さんはシェルターに保護され、その後の生活の場として高槻温心寮に入所したのです。

その男性と距離を置くことができ、男性から連絡が来ることもなく、国松さんは落ち着いて温心寮で生活できるはずでした。しかし今度は、国松さんの知り合いの別の男性が、彼女に一方的な強い感情を抱いていることがわかります。そしてこの男性も、国松さんの同居男性とともに彼女に危害を加えていたことがわかります。

この第二の男性に対し、国松さんは関係を望んでおらず、一方その男性は「国松さんがいなければ死んでしまう」と話すなど、強く結婚を求めていました。

国松さんの温心寮入所にあたっての支援方針として、来訪者には職員が同席して対応する、中身がわかるハガキなどの郵送物以外は返却するなどの対応をしていました。それでも、架空の住所から小包が送られてくるなど、その男性からのアプローチは変わりませんでした。

そして入所後しばらくして、なんとその男性が勝手に婚姻届を役所に提出してしまったのです。国松さんはかなりのショックを受け、元の姓に戻ることを強く望みました。結局、弁護士や福祉事務所に間に入ってもらい無効申し立てなどの対応を行った結果、数か月後には婚姻届の不受理が認められました。

けれどもしばらくして福祉事務所から、相手の男性が婚姻届不受理に強い不満をもっている様子が、国松さんや温心寮に伝えられました。このままでは国松さんの身に何が起きるかわかりません。そこで取った方法は「施設変更」でした。「国松さん」は温心寮から別の施設に移ることにしたのです。

温心寮の生活がとても気に入って、日課としてのペーパークラフト作業のほか、食事のときの配膳や喫茶のウエイトレス役も積極的に引き受けていた国松さん。「温心寮にずっといたい」と意思表示していた彼女が、新しい施設で少しでも自由を取り戻し、本当の笑顔を取り戻すことができる日を、誰もが望んでいます。

（吉本　純）

❸ 人生を「素敵にドラマティック」に——安城さんが越えてきたもの

安城のぶ子さんは、九州生まれの女性です。生後10か月で父親が家を出ていってしまい、母親は「ちょっと危ない仕事をしてた」という環境で育ちました。安城さんと妹、母親の3人の生活は、時折訪ねてくる父親の暴力から逃げることに加え、母親も精神的に不安定で近隣住民とのトラブルが絶えなかったことから、住まいを転々と変えていました。関西に移って以降もあちこち転居を繰り返す生活だったそうです。

安城さんが9歳のとき、母親が知人に対する傷害事件を起こします。安城さんと妹は養護施設へ入所することになりました。その後、刑期を終えた母親の強い希望で、安城さんは施設を出て再び母親と生活するようになりますが、お互いに自傷他害を繰り返す日々だったといいます。やがて彼女自身も思春期を迎え、感情のコントロールが難しくなります。高校も中退し、その後は精神科病院への入退院を繰り返していました。

安城さんが18歳のときには、母親にインシュリンを注射されて昏睡状態に陥ってしまう事態が起きました。一命はとりとめたものの、10日ほどたって意識が回復したとき、安城さんは知的能力の低下が認められる状態になっていました。

そして28歳の頃に母親が死去し、妹とも音信不通になりました。安城さんは一人暮らしを試みますが、長くは続きません。その後、精神科病院の入院を経て生活保護施設に入所しましたが、他者への暴力が際立つようになり、別の精神科病院に再び入院します。施設も8年ほどで退所を余儀なくされました。

次なる生活の場所として高槻温心寮が依頼を受けました。安城さんは翌年、入所しました。

安城さんの課題は感情の安定です。温心寮入所後もほかの利用者とのトラブルは絶えません。時には幻聴や妄想により、深夜に大声を出すこともあります。職員を怒鳴りつけることも、一度や二度ではありませんでした。さらには「過飲水」と呼ばれる過剰な水の飲み過ぎにも、十分に気をつけなければなりませんでした。

統合失調症のほかにも知的障害、身体障害との診断を受け、いくつも手術歴のある安城さんの、特に心への支援は、職員も難しさを感じていました。

さらに入所後半年がたったある日、今度は乳がんが見つかります。またしても安城さんを襲った試練です。精神的なショックから歩けなくなり、安城さんは歩行器や車いすを使う生活を余儀なくされ、施設のフロアも変更せざるを得ませんでした。

そんな安城さんは、あることに支えられていました。それは病院に入院中の作業療法で出会った「絵を描くこと」です。かつては路上展示会を開催したこともある、なかなかの腕前の持ち主なのです。

安城さんは「絵を描く日常があればこそ、自律を目標として生活できる」と語ります。絵のことになると「道具を買うだけでもお金がすごくかかるねん」と悩みを話すときですら、生きいきとしています。元気なときは画用紙片手に屋外へ出て、座り込んで熱心にスケッチする安城さんの姿は、めずらしいものではありません。

安城さんは「まだまだたくさんの人に私の絵を見てもらいたい」という想いを胸に手術を受け、無事に退院しました。精神的にも回復し、いまでは車いすなしで生活できるまでに回復しています。

ところが、またもや安城さんのもとに悲報がもたらされます。今度は警察からでした。音信不通だった妹が自殺を図り亡くなった、との知らせでした。

職員は、彼女にどう伝えようか、また精神的に不安定になるのではないか、と悩みました。しかし、大きな手術を乗り越え、安定した施設生活を送っていた安城さんは、「母と同じお墓に入れてあげたい」と気丈にふるまい、妹の死をしっかりと受け止めていました。その話のなかで、家族を思いやる心やさしい姉としての安城さんの姿を垣間見ことができました。

安城さんは現在、グループホームの体験入所などにも取り組み、少しずつ自立生活への道を模索しています。またコンクールへの出品などを重ねて、多くの人に自分の絵を見てもらいたいという希望をかなえようとしています。

そして安城さんの現在のささやかな楽しみは、部屋のベランダのふうせんかずらの栽培です。ふうせんかずらの花言葉は「あなたとともに」「あなたと飛び立ちたい」。家族に先立たれた彼女にとってのいまの「あなた」は、自らが描く「絵」と、それをこれから目にする「みなさん」なのでしょうか。

安城さんのこれからの人生が「素敵なドラマティック」でありますように……。

（吉本　純）

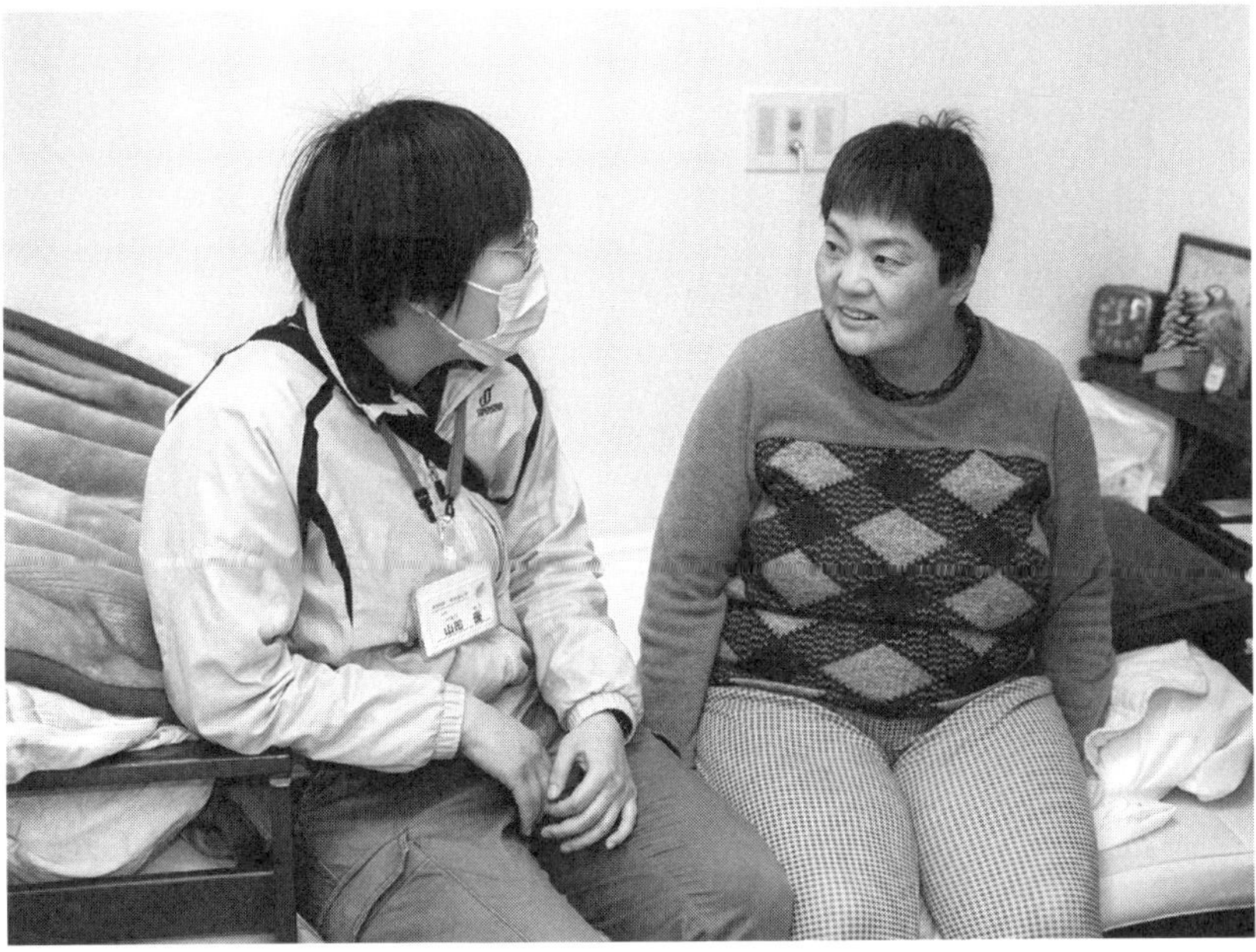

2 あゆみはいつも温心寮とともに

❶ 史上最年長と在籍最年長——利用者史上長寿ナンバーワンの清田さん

高槻温心寮の応接室には、清田栄造さんが100歳を迎えたときに内閣総理大臣から贈られた銀杯が飾ってあります。2015年に101歳で亡くなった清田さんは、おそらく温心寮の歴史における長寿利用者ナンバーワンです。

障害名は知的障害でしたが、私が就職した三十数年前にはすでに髪はまっ白で、好々爺の雰囲気がたっぷりの〝おじいちゃん〟でした。ところがその容貌とは裏腹にとても短気で気が強く、売り言葉に買い言葉で相手が若かろうが強かろうがくってかかり、仲裁に入れば「ボクはそんなこと、言ってませんよ！」と、事実理不尽とばかりに男泣き！　小柄な老人の喧嘩っ早さと「ボク」発言の丁寧語に驚いたものです。

一方で、当時男性ではめずらしく編物をたしなむという、そのユニークさにもびっくりでした。

そんな清田さんも年々角が取れ、温心寮の長寿ナンバーワンとして、利用者からも職員からも愛される存在になります。そして日々穏やかに、人生の最後まで温心寮で過ごしました。入所が1969年ですから、半世紀近くを救護施設で過ごしたことになります。毎日の食事をしっかり食べていたのが印象的です。

ただ、入所に至るまでの生活など清田さん自身のことについて、ほとんど話を聞けなかったのが残念です。知的障害とはいえ簡単な漢字も読めましたし、もっといろいろ話をしておけばよかったと思います。利用者支援の現場において、いまでこそ利用者主体とか寄り添い支援とかいいますが、特に古い建物の時代の私たちは、まだまだそのような目線にしっかりと立つことができませんでした。

当時、テレビでフィギュアスケートを見て転んだ選手を大笑いしていた、天真爛漫で茶目っ気たっぷりな清田さんを思い起こします。近年の好々爺のイメージで清田さんを一律に語ることに対して、「それ、違うし」と心で突っ込みながら、「実際、若いときはどうやったんやろな」と反省とともに考える自分自身がいます。

利用者で在籍最年長の豊原さん

豊原節子さんは１９６６年入所で、在籍最年長の利用者です。高槻温心寮は１９６９年に大阪市内にあった浪速温心寮と合併しますが、その浪速温心寮に入所していました。知的障害と身体障害があります。

現在74歳で、新旧合わせ温心寮に53年暮らしていることになります。温心寮に入る前に二つの施設を経ているため、施設生活は60年ほどにおよびます。

いまはほぼ車いすの生活ですが、私が担当していた頃は上下肢体に不自由はありながらもまだ自力で歩行できて、姉宅に外泊したことがあります。もう四半世紀以上前のことですが、京都まで送っていった私との思い出は、いまも共通の話題です。

豊原さんの約60年もの施設での生活を思い越すと、生活体験の圧倒的な少なさを考えずにはいられません。豊原さんの話題は好きな食べ物のこと、出かけたときのこと、そしてほかの利用者の悪口（！）……。元気だった頃は豊原さんのするちょっとしたいたずらが、ずいぶん周りの顰蹙《ひんしゅく》を買っていました。それも豊原さんにとって、長い施設生活のなかでの日々のわずかな楽しみ、だったのかもしれません。

もし仮に60年前、障害のある人たちの生活を地域で支えることができていたなら、施設の暮らしがもっとゆたかなものであり続けていたら、豊原さんの人生はもっと違うものになったことでしょう。

かつて「食わせて寝かせるだけ」とか「終の棲家」と称された救護施設ですが、こうした利用者の個人史を大切に、これからも利用者一人ひとりを大事にしながら、それぞれの施設生活のゆたかさを追求することは、制度や社会が形を変えようとも揺るがせてはならないと考えます。

しかし一方で、施設の暮らし云々の前に、地域における社会生活そのものも含め、人として生きていく上でのさまざまな経験を奪われてきた人たちがいることを、豊原さんの人生は物語っています。

（田中　彰）

❷ 歩みはともに「おんしんりょう」と——にこにこ笑顔の網代さん

網代千恵子さんの入所依頼書は1967年のもので、表題は「収容依頼書」となっています（生活保護法において救護施設は、2001年に改定されるまでは「要保護者を収容する」とされていました）。しかも宛先は「浪速温心寮」。現在地に高槻温心寮として合併される前の施設名称です。網代さんは当時33歳の女性でした。学歴欄は「不就学」、労務程度の欄には「介助指導を要する」とありました。

網代さんは7人兄弟の末っ子として生まれ、知的な障害がありました。物心がついたとき、いっしょに暮らす家族は父と母との3人になっていました。

網代さんが26歳のとき母親が死亡。収容依頼書の記述は次のように続きます。

「その後父と生活していたが困窮に陥り、若干の田地を売却し生活維持する。しかしそれも短期間。兄姉の家を二人で転々とし、次兄の家に落ち着くもその妻とうまくいかず、次兄の離婚問題まで持ちあがり……」

当時78歳だった父は老人ホームに入所し、網代さんは温心寮にやって来ました。

入所時の記録には「陰気で、おびえるような様子もみえる、口数少ない」が、一か月もたつと「集団にも徐々に慣れてきた様子で、同室の○○となかよくなり、いつも行動を共にしている。洗濯、掃き掃除、繕いものは不可。大まかに指示すれば、素直に行動も明るく敏速になってきた」とあります。

それから51年。大阪市内の浪速温心寮から高槻市塚原の高槻温心寮へ引っ越し、建て替えをはさんで網代さんの施設暮らしも半世紀を超えました。その間、いつもにこにこ笑顔の網代さんはほとんどまったく変わりません。

以前、家族について「お母さんが死んで、お父さんも亡くなって……」と聞いたことがありました。最近もう一度尋ねてみると「もう忘れた」とのことでした。それよりもフロアのみんなと、テレビを見たりしながらロビーなどで過ごす時間が、網代さんにとって何よりも居心地のよいものになっているようです。

入所して間もないときは兄弟の面会もあり、そのときはたいへん喜んだ、と記録にあります。それも高齢化とともに疎遠になり、もう全員が亡くなってしまいました。温心寮で生活の安心を得た末の妹を、いまは天の上から温かく見守っていることでしょう。

（田中　彰）

❸ 温心寮がボクの家——戸籍も住民票も「わからなかった」松元さん

50年ほど前のことです。

「ボクの帰るとこ、教えてほしいんやけど」

と、派出所に保護を求めてきた男性がいました。警察官が事情聴取を行いましたが、名前も住所も、生まれも両親の名前も、住んでいたところも（戸籍・住民票などを確認するも該当なく）まったくわかりませんでした。

この人は結局、推定年齢26歳として保護され、その日が誕生日とされました。精神鑑定の結果「接枝性分裂症（知的障害を伴った統合失調症）」と診断され、精神科病院に入院します。そして20年後、精神科病院の長期入院患者の地域移行の流れのなかで、高槻温心寮に入所しました。

この人こそ、病院で名づけられたその名も松元ヒロシさんです。ＩＱ24程度と診断されていて、療育手帳と精神保健福祉手帳を取得しています。

松元さんは入所当初、まだまだ「若手」でしたから、ほかの利用者や職員といっしょに野球を楽しんだりしました。また簡単な会話はできて、気に入った職員とはにこにこして「おはよう！」などとあいさつを交わし、「したいこと」「したくないこと」の意思表示もはっきりしています。ただ、自身の思いをうまく伝えることは、やはり苦手です。

温心寮の生活で、利用者の金銭管理は職員がしています。松元さんはあれこれとほしい物があるのですが、やりくりしなければならず、思うようにならないと、ほかの利用者との直接交渉で物々交換したり（トラブルのもとになるのでやめてもらっています）、無理やり盗ったり（こちらももちろんダメ！）することもあります。

施設の日課である作業も、参加をいやがることが多く、時期によっては職員に促されて参加することもありましたが、いまもほとんど不参加です。松元さんは「わからへん」とか「ボク、できひん」とは言わないタイプですが、おそらく作業内容の理解が難しいのだと思います。

推定年齢とはいえ45歳で入所して、30年間温心寮の生活を続けています。入所前も約20年余のいわゆる「社会的入院生活」をしていたため、推定75年の人生のうち50年以上を、病院と施設で過ごしていることになります。

最近は歩行状態が悪くなっています。転倒が増え、外出することも減り、足腰の筋力の低下が見られるよ

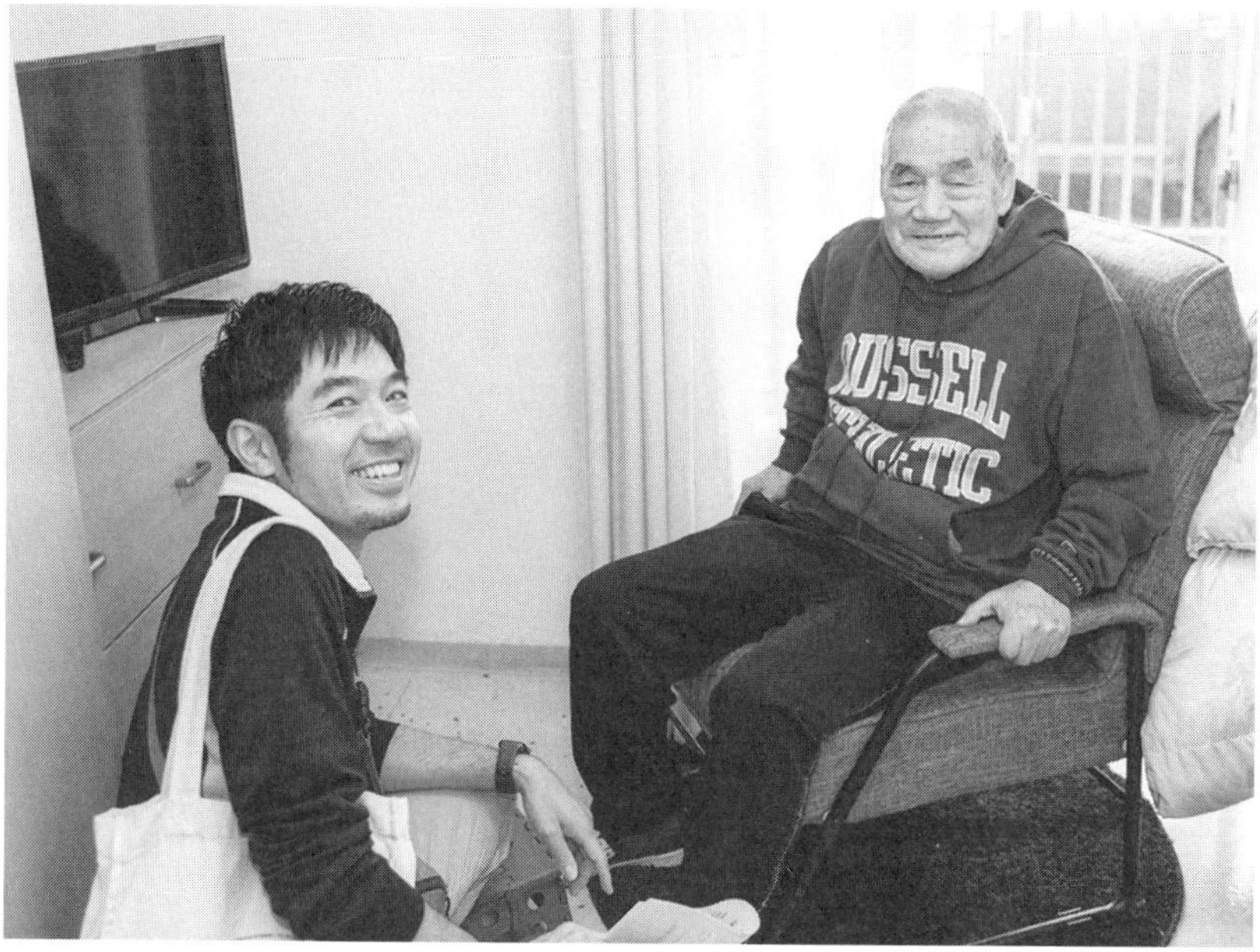

うにもなってきて、歩行器を使用するようにもなりました。

食事も、これまではガツガツと口いっぱいに頬張っていましたが、そんな食べ方では喉に詰まる危険性を心配しなければならなくなって、若手だった松元さんもキザミ食とお粥になっています。

また数年前、肺の中に血液がたまってしまい、医師から禁煙を指示されました。しかし本人の障害を考え、精神的な安定を図るため、本数制限することで折り合いをつけることになりました。しかし結局、ほかの利用者との（いつもの）物々交換でタバコ（吸いかけのものも含め）をゲットすることになり、支援にはずいぶん苦労しました。

歩行状態の悪化や喉詰まりの不安など、「高齢者」になった松元さんにとって、今後どのような生活が望ましいのか。実はいま、職員としては判断に迷っています。

温心寮の夜間体制は、200名の利用者に対して4名の宿直者配置です。今後要介護状態の人が増えていくと、一人ひとりへのていねいな介助介護の対応支援は、より難しさと厳しさを増します。松元さんの生活の場としても、温心寮が適切なのかどうかも難しいところです。

そこで、介護保険制度による特別養護老人ホームの利用など、松元さんの今後の暮らしの場について考えるためにも、いまさらながら就籍（家庭裁判所に申し出て戸籍を作る手続き）と住民登録の支援をすることになりました（介護保険制度の利用には住民票が必要）。そして、戸籍を得なくても住民登録は可能とわかり2017年、松元さんはようやく高槻温心寮を住所地として高槻市に住民登録することができました。

「ボクの帰るとこ、どこ……」と派出所へ飛び込んで52年。当時の活用できる制度や仕組みと社会資源からまず病院に社会的入院し、その社会的入院を減らす形で救護施設にやって来て、ようやく住所を得た松元さんの半世紀は、より施策の貧しかった時代から今日までの、福祉や制度の移り変わりを映しています。

松元さんの人生にとって、温心寮はどのような存在で、松元さんにとっての幸せは、これからどこでどう実現できるのでしょうか。でもまずは「温心寮が自分の家」になったことをいっしょに喜ぶべきなのでしょう。松元さんは「そんなん、ボク知らん」というのかもしれませんが。

（森安健氏・秋山昌平）

提言

生活保護利用者と向き合うワーカー――「新自由主義」の浸透する社会で

加美嘉史（佛教大学社会福祉学部教授）

2018年11月に厚生労働省が公表した「生活保護基準未満の低所得世帯数」（国民生活基礎調査）の推計では、総世帯数4995万世帯のうち生活保護基準未満の収入で暮らす低所得世帯は703万世帯、14・1％（2016年）です。2013年度以降、国は生活保護基準額の段階的引き下げを行い、最低生活費を引き下げたことで生活保護の対象範囲も徐々に狭められていますが、最低生活費以下の世帯は700万世帯を超えています。そのうち実際に生活保護を利用しているのは159万世帯、22・6％に止まり、8割近くには生活保護制度は届いていないと推計されます。*

生活保護制度は憲法25条の生存権にもとづいた、すべての国民の「健康で文化的な最低限度の生活を営む権利」を保障する制度です。しかし、経済的に困窮しても「生活保護だけは受けたくない」と考える人びとも多い。なぜ生活保護は「あたりまえの権利」にはなっていないのでしょうか。その背景には、あらゆる領域を市場原理で満たそうとする「新自由主義」の浸透があると考えます。

ミシェル・フーコーは新自由主義を「市場ゆえに統治しなければならない、というよりもむしろ、市場のために統治しなければならない」(Foucault 2004＝2008：149) と表現していますが、新自由主義とは国家が市場の監視下にある構造を意味するといえます。

新自由主義的統治では「市場の自由」を増大させるため「競争」が出現可能になるよう、経済に直接関わりのない行動に身を委ねる者にも市場原理・競争原理が適用されます。技術、科学、法、人口といった広範な「社会環境」に対し積極的・大規模な介入が行われます。その結果、「環境のなかに人為的に導入される体系的な変容に対して体系的に反応する者」(前掲：333) としてのホモ・エコノミクス (経済人間) が現れる。新自由主義とは、人間を「扱いやすいもの」「すぐれて統治しやすい者」に変えていくシステムだともいえます。

新自由主義的統治は、個人や家族、共同体などにおける「自律化と責任化」のプロセスをつくり出していきます。ニコラス・ローズは、新自由主義的統治では被雇用者として「産業再編において活動的な主体」となること、消費者として「専門知の統制の内側で活動的な主体」となること、そして良識ある市民として「提供された治安の内側で活動的な主体」になるといった義務を遂行し、「みずからを統治する」＝「自律化と責任化」が求められるという特徴を指摘しています (Rose 2006=2016:28-29,44)。

今日、私たちは、自分の向上のため自らを「投資」対象と見なし、「主体的」に自己を管理することを求められています。統治システムの求める「主体性」とは市場原理を内面化させ、それにもとづいて自らを統制し、「自律化と責任化」を担う主体性をつくり出していくことであるといえます。

こうした社会では「市場原理の内面化したセルフ・マネージメントの主体」(佐藤 2009:49-50) となる者に価値が与えられます。一方、「市場の自由の増大」に貢献しない者には、価値は与えられなくなります。いま個人・家族、地域のあらゆる場面で自己責任と自助が強調され、それを前提にした福祉政策が展開されていますが、その底流には「市場の権力」を増大させることを目的にした新自由主義的統治があります。

市場原理への貢献という尺度を中心に人間の価値を計る社会では、生活保護利用者などの福祉利用者に対する「負の価値」、スティグマが付与されます。生活保護を受けることはスティグマ（烙印）を受け入れ、自らに内面化させる過程であるともいえます。さらに「負の価値」によって生活保護は特に〝悪魔化〟（バッシング）され、「できる限り避けるべきもの」という規範を浸透させていきます。生活保護利用者へのバッシングは正当化される一方、生活保護の権利性は切り下げられ、弱められる構造がつくられます。

市場原理への貢献という条件のもとでのみ人間の生存は肯定され、承認される。新自由主義的統治は人間を選別する社会的装置として機能します。その統治では自己責任論が正当化される一方、「助けて」「しんどい」という声をあげること、生活保護を当たり前の権利として行使することを容易にはさせない社会規範がつくられていきます。

新自由主義的価値観が強まる社会のなかでは自己肯定感を育むことは難しく、人間としての尊厳も剥奪されやすくなります。経済的自立の困難な人や自らの声を発することが難しい人びとはなおさらといえます。

こうした人びとと対峙するのがソーシャルワーカーらの福祉専門職ですが、ソーシャルワーカーも新自由主義的価値規範から自由ではありません。ソーシャルワーカーは統治システムから「主体性に関する専門知」（Rose 2006=2016:44）の専門家集団の一翼として対象者に働きかけ、市場原理を内面化させた主体性をつくり出し、「自律化と責任化」へ導く役割を求められるという統治の枠組みのなかにいます。

では、市場原理によって人間を価値づけて序列化し、選別化を進める社会を変えていくために、ソーシャルワーカーには何ができるのでしょうか？

新自由主義的価値観が浸透する社会で、声を失い、不可視化された人びとの困難を個人の問題に止めず、公的な課題として「可視化させる」ことが現状を変えていくための契機につながると考えます。それは、昨日まで当たり前と見なされ、仕方ないとされてきたことへの問いかけであり、生活保護利用者らの「声にならない声」に耳を傾けることだと考えます。日常の支援現場で見過ごされ、埋もれている課題を当事者との「対話」を通して問い直し、可視化させること。つまり当事者とともに考え、悩み、発信していくことです。

スティグマを内在化させ、声を欠く人びとと向き合う福祉労働者・ソーシャルワーカーの価値は、そこにあると考えます。

＊「しんぶん赤旗」２０１８年11月24日

文献

・Michel Foucault（２００４＝２００８）慎改康之訳『生政治の誕生―コレージュ・ド・フランス講義１９７８-79』筑摩書房
・Nikolas Rose（２００６＝２０１６）堀内進之介・神代健彦訳『魂を統治する―私的な自己の形成』以文社
・佐藤嘉幸（２００９）『新自由主義と権力―フーコーから現在性の哲学へ』人文書院

第II部

救護施設の今、そして、これから

「個室化」を経て、さらに人権尊重の生活支援を

第1章

施設の建て替え、個室化がもたらしたもの

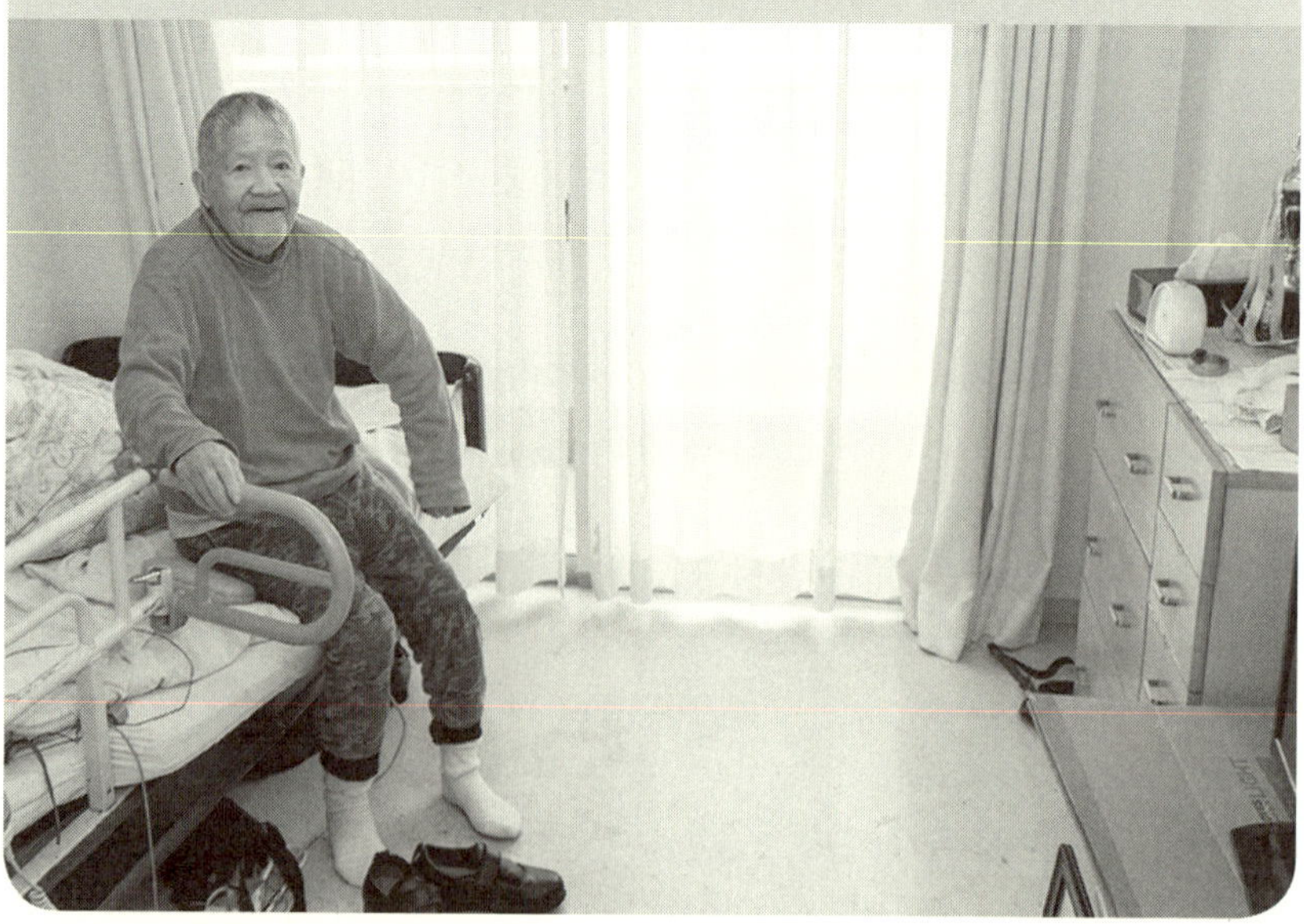

1 建て替えから10年――救護施設における個室化の意味について

❶ やっぱり「個室」？　いやゼッタイ「個室」！

高槻温心寮の建て替え、個室化がもたらしたものとは何だったのでしょう。

2008年に全面改築して建て替えるまでの高槻温心寮は、男性利用者の男子棟と女性利用者の女子棟とを大きな食堂や浴室、集会室がある管理棟が南北につなぐ2階建て構造でした。

男女の生活棟には8畳の4人部屋が並び、階ごとに1階、2階ブロックと呼ばれていました。また、それぞれに車イスや介助の必要な人たちのベッド20床ほどの大部屋があり、こちらはベッドブロックと呼ばれていました。そして、ブロックごとに職員が配置されていました。

廊下をはさんで4人部屋が左右に並ぶ1階や2階、一目で見渡せるほどの大部屋のベッドブロックと、職員にとっては担当ブロックを把握しやすく、日々の介助や支援、安全管理もいまよりはるかにしやすい環境であったことは間違いありません。

居室入口の引き戸は日中、たいてい開けっ放しでした。トンと畳に上がると、うまくいけば4人の状態確認ができます。支援に入りやすく、介助などもしやすかったといえます。

一方、暮らす側にとっては常に見られている感覚はあったでしょう。利用者のプライバシーを守るのはとても困難な環境構造でした。前の建物の頃から働く職員のなかには、次のように振り返る人もいます。

「当時は『プライバシー』という概念そのものが、特に施設に長く暮らす利用者さんには、ひょっとすると意識される（できる）存在にすら、なっていなかったかもしれない」

ただし、4人単位の居住空間での「自分と違う他者を日々意識せざるを得ない」共同生活において、いまはない利用者文化がありました。聴覚障害の人が視覚障害の人の手引きをしたり、居室清掃は部屋の4人が主体的に行ったり、時代性もあるでしょうが利用者同士の助け合いや、しっかりした横のつながりが必然のようにありました。そして、これらは見ていて心なごむような関係性でもありました。

そのときどきで移り変わりはありますが、利用者も現在より若くて元気だったことで成立していた生活でもあり、利用者自身が助け合わざるを得ない職員体制でもあったと思います。集団生活の煩わしさ、すぐそばで目にも耳にも鼻にも飛び込んでくる他人の暮らし……、そのような日々の当たり前のなかで利用者は生活を築き、職員も懸命に支えていました。

建て替え直前の高槻温心寮は、インフラも含めて本当にあちこちガタガタになっていました。だからこそ、願いがかない建て替えが決まったときの、天空から光が差しこんだような喜びを、いまでも思い起こすことができます。

新しい温心寮をどんな建物にするのか。職員はワークショップを重ねながら建替え検討委員会、建設委員会と順次組織して議論を積み上げ、実際の図面を前に細かいところまで夢を描いていきました。

利用者が「一人でほっとできる」場所があり、より普通の「当たり前の生活」に近づけていきたいという願い、そして30年後の「福祉施設のスタンダード」を思い描いた上で、建て替えは「ゼッタイ個室で！」と決まったのです。

一方で、不安もありました。個室化により広く個別化された空間で、24時間365日、果たして日々の利用者の安全を確保できるのか、というのがもう一つの率直な思いでした。

そんななか建て替え工事が始まります。

❷ 建て替えにあたっての考え、あれこれ

「死角」はあるのが当たり前

利用者居室のあり方は、支援のあり方と直結連動し、施設生活の基本となるものです。利用者のプライバシーを優先するのか、職員の支援のしやすさを取るのかの議論の究極は、二者択一論になりがちです。

200の一人部屋が並んだ図面を見たとき、私たちは不安とある種のたじろぎを禁じ得ませんでした。それでも私たち職員は、全室個室にこだわり抜きました。それは、実際に施設で暮らす人の視点に立った「生活におけるプライバシー優先」の考え方でした。

実際、個室化に不安や反対の思いをもつ職員もいました。建設途中の現場に見学に入ったときに「建物の端から端まで何歩かかるか数えてみて！」とか「200も部屋つくって、その分収納がどれくらいあるか見といて！」などの疑心暗鬼な問いかけがあったことも事実です。

これらの考え方は、安全優先という私たちの仕事の大事な視点にもとづくもので、あながち間違いではありません。しかし気をつけないと、安全優先は管理強化につながる側面があります。事実、当時議論になったのは施設における「死角」についての考え方で、これだけ大きな施設となるとあちこちに「死角ができる」というものでした。

北海道に「博物館網走監獄」というところがあります。かつての網走監獄（現網走刑務所）の建物を保存・公開している施設です。このうち1984年まで同刑務所で実際に使われていたという「五翼放射状平屋舎房」

は、並んだ独房に面した廊下が放射状に伸び、看守がひと目で見渡せるようなフロア構造になっています。私は「死角」という言葉が出たとき、この放射状舎房を思い起こしてゾッとしたものです。

刑務所はそもそも監視するのが目的ですから例としては極端ですが、結局、プライバシーと管理のどちらを優先するのか、どうバランスを取るのか、という話です。私たち高槻温心寮の職員集団は当時の議論を通して、生活の場における死角が、どうこうという議論と決別したように思います。

つまり、利用者個人のプライベートな空間は、その場面や時間によって、裏を返せば見守る側にとっての死角になります。それは、あって当たり前のものです。幸いにも「当たり前の生活とは」と常に問いかけてきた高槻温心寮の実践の歴史が、そう仕向けたのかもしれません。

職員の業務はこれまでを「引き継げるもの」に

古い建物ではブロック制でしたが、新しい施設はゆるやかなユニット制を取り入れました。そしてそれをもとに、日中勤務や宿直体制ほか職員のシフトは前の建物における働き方を基本的に引き継ぐ形をとりました。それは結果的に、利用者の生活の大幅改善による労働提供面の不安に対し、働く側の安心を担保するものになったと思います。

各ブロックはほぼそのまま、各フロアやエリアという居住空間に引き継がれました。男女利用者への大きな支援体制も、時に横断的な体制にすることもありますが、以前とそう変わりません。

ただ男女が１００人ずつ交代で、ワイワイ食事をしていた大きな食堂は各階に分散したため、以前と違って食事の配膳や支援の際、職員がフロアを上がったり下がったりすることになりました。

現地建て替えと2期工事が奏功したもの

高槻温心寮の全面建て替え工事は2期にわたりました。現地建て替えでしたから、まず使わなくなった職員宿舎を壊し、そこと女子棟前の芝生広場を合わせた敷地に新たな建物を半分つくって引っ越し、その後残り全部を壊してもう半分をつくって完成、となります。つまり1期工事後に引っ越したとき、新施設は半分だけですから、個室1部屋に2人が入ったのです。

現地建て替えは利用者にとって、これから自分たちが生活する施設ができていく様子を間近に見ることができます。これはまさに目に見える効果がありました。工事現場を日々観察（監督）する一部の男性利用者も含め、利用者のワクワク感はひしひしと伝わるものでした。「ゼッタイいまのままがいい。引っ越しはいやだ」という人は記憶にありません。

そして1期工事を終えての引っ越し。いよいよ旧建物から移るというときの全館放送、さらに移動時の高揚感！　不安いっぱいの宿直者に気づかうかのように、引っ越し第一夜はみんな早く寝たのか、何ごともありませんでした。

個室に二人が暮らす第2期工事中の生活も、次へのイメージづくりに役立ったように思います。新しい施設が完成したらどれくらいのスペースに住むことになるのか、おおよその見当もつきます。できあがったらどの荷物をどれくらい新しい部屋へもって行こうか、配置はどうしようかと楽しそうに話す姿もありました。

残りの工事も終わりに近づき、ほぼ完成の建物に下見に入って、実際に部屋一人分が自分のスペースになると実感したときの「広いな、ほんま広いな」という驚きと喜び、そして全館が完成して一人ずつの鍵をわたすときの利用者の表情の輝きは、いまも忘れられないものとなっています。

「一人部屋はさびしい」という論法

全室個室化の議論の際、折に触れて出てきた考え方に「一人部屋ではさびしいのでは?」というものがありました。これまでの互助関係を大事にした4人部屋中心の暮らしに慣れた利用者のなかにも、夜一人で眠るさびしさを話す人はいましたが、むしろ支援する側の職員のなかにこの論調は存在しました。

ところがこの類の考えは、完全個室の施設に移り切った後、自然と消滅してしまいました。思えば利用者はこれまで、「一人になる」という体験がほとんどないなかで施設の生活を続けていました。そのため具体的なイメージがもてず、これまでの生活環境が変化することへの不安の表現だったと思われます。

職員も利用者と同じで、イマジネーションゆたかに臨めなかったことの表れであり、支援者としての議論と構えが十分なものではなかったと、いまとなっては考えます。

個室が並んだ長い廊下の広く静かな新施設に比べて、「前のほうがにぎやかやったな」という意見はありましたが、「もとの4人部屋がよかった」という声は引っ越し後、利用者からはほとんど聞かれませんでした。

環境変化への対応をどう組み立てるか

視覚障害と聴覚障害がある男性利用者がいます。その人に施設の建て替えと引っ越しをどのように伝えるのか、という問題がありました。

結果的にはうまく伝えることができず、新しい部屋へ移った際、この人はパニックになってしまいました。視覚と聴覚に障害はあるものの、これまでは住み慣れた4人部屋の環境を把握し生活を組み立てていたこの人は、何が起こっているのかわからず大暴れ。その恐怖感は計り知れないものだったと思います。

本人の適応力をあてにし過ぎた支援の失敗でした。暮らす場、施設が変わることも、建物設備の問題である以前に、結局は利用者支援の課題であることを示した事例といえます。

この男性利用者は現在、何ごともなかったかのように自室の生活を確立し、食堂の場所、自分の席も把握して、前の建物のときの暮らしと同じように生活しています。もちろん、ほかの利用者との衝突などへの職員の見守りは強めています。

新しい施設になって薄まったものに、利用者同士が助け合う場面は、確かにあげられるでしょう。ただ、以前から働く者として振り返ると、前の施設の生活における助け合いが、はたして利用者個人の思いにもとづく主体的なものだったかどうか、ということがあります。

当時、周りから「ねえちゃん、ねえちゃん」と慕われる身体障害の利用者がいました。自身の身の回りのことからブロック内のあれこれに至るまで、いろいろと差配して生活を築いていました。ただ、その人から「あれもやって、次はこれも」と指示されていた同室の知的障害の利用者の本音はどうなのだろう、と当時もときどき職員間で議論になりました。

いまとなっては検証が困難ですが、安易に利用者の互助的関係を求めることの危険性も指摘できると考えます。

「誰もが違うはず」に至るまで——幸福追求権をかかげて

全室個室にして10年。現在、利用者それぞれの居室は実に多様です。あちこちに家族の写真を飾った部屋、趣味の本が並んだ部屋、観葉植物が囲む部屋、あまりモノのない部屋、なかなか職員が入らせてもらえない部屋、布団が変色しているなど整理整頓や掃除の得手不得手も含め、その人それぞれの個性ゆたかな部屋が並んでいます。

救護施設は生活保護法に定められた施設であり、「健康で文化的な最低限度の生活」の水準が保障されます。私たちは10年前に、その最低限度の生活の場は今日もはや個室であるべきだと考え、そのように施設をつくり直しました。

もし救護施設が一人部屋であることに批判があるとすれば、いまだにその人らしい日々の営みが保障されない社会情勢の反映であり、さらにいえば最低生活を低きにとどめるスティグマ（烙印）を容認する考え方であると思います。だからこそ、その「最低限度」を引き上げていくことが求められます。

しかし現状は高槻温心寮でも、これが「健康で文化的」といえる支援なのだろうかと、その水準に届いている実感がもてない場面もあります。その要因として、まだまだ職員が足らないと考えています。

施設のゆたかな生活づくりの大きな要素が「個室」と考え、建て替えで前進したとはいえ、ようやく人として「当たり前」の生活に少し近づいたに過ぎません。個室さえあればよいわけではないのです。

高槻温心寮の利用者支援の理念である「わたしたちがめざすもの（２０１４年12月改定）」には、憲法25条だけでなく13条の「幸福追求権」にもとづく支援をかかげ、「利用者ひとりひとりの人格や思いを大切にし、希望を受け止め、その実現のため」に支援を行う、とはっきり書いています。

これからも「個別支援」を強め、一人ひとりの幸せを追求するのが私たちの使命であると考えます。そして、一人ひとりが違うのは「当たり前」、一人部屋も「当たり前」という「ゆたかな健康で文化的な生活」を、この社会においても実現していくことが、救護施設高槻温心寮個室化の意味だったと考えています。

（田中　彰）

2 「それぞれが一人ずつ」のお部屋、ちょっとのぞいてみたら……

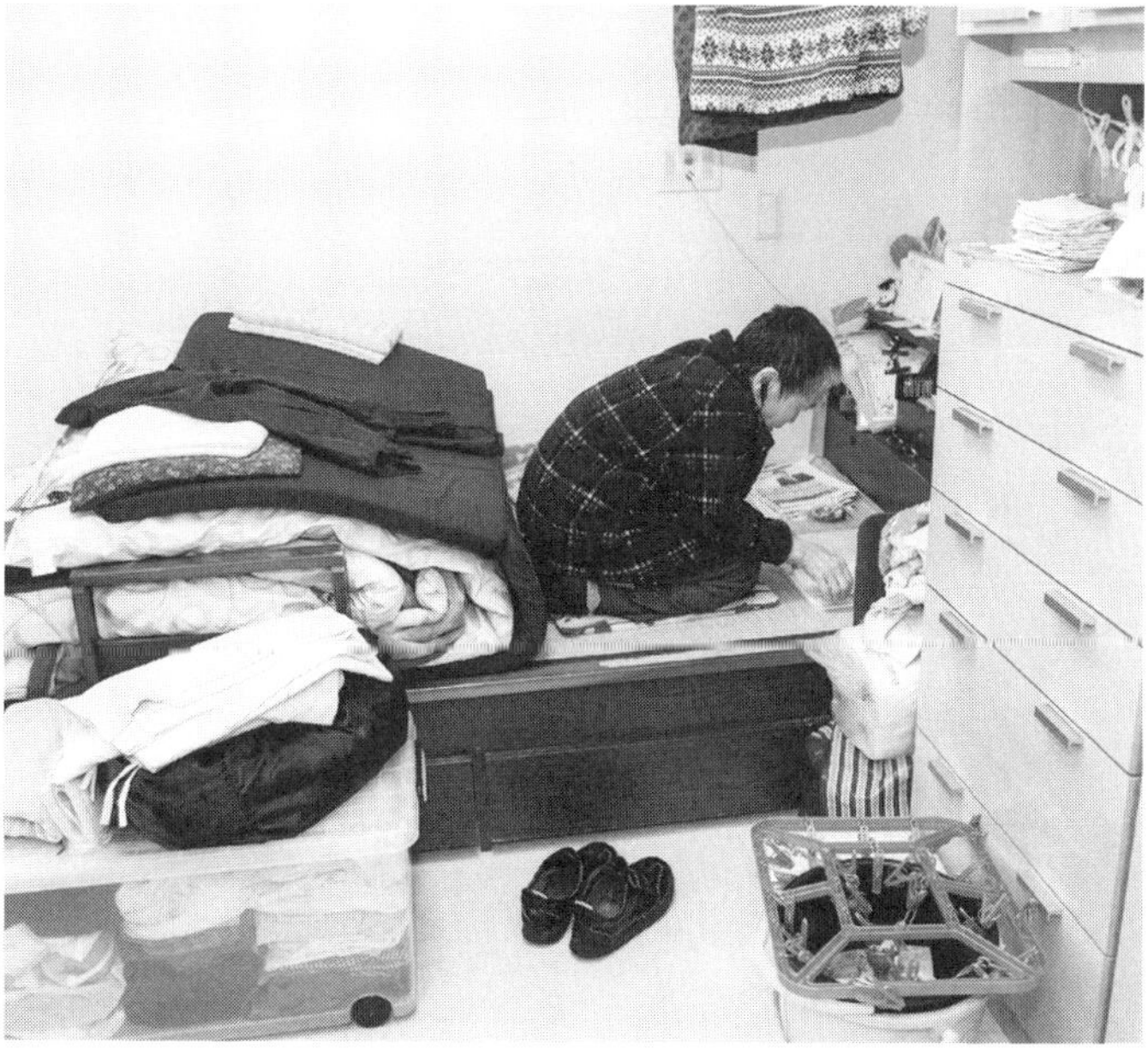

高槻温心寮の日課は、行事や外出などがない場合、午前中は受診と作業が中心、午後は同じ作業の他、クラブなどの余暇的なプログラムやリハビリなどに充てています。入浴も午後で、日々この流れのなかで利用者それぞれの日中の生活が組み立てられています。

とはいえ、利用者200人の生活はそれぞれ。日々の過ごし方にはその人の個性があふれます。何人かの方の一日の様子を円グラフにして紹介します。

生活スケジュール（開始時間）

<table>
<tr><th></th><th>月</th><th>火</th><th>水</th><th>木</th><th>金</th><th>土</th><th>日</th></tr>
<tr><td>7：30</td><td colspan="7">朝　食</td></tr>
<tr><td>9：00</td><td colspan="5"></td><td>リハビリ</td><td></td></tr>
<tr><td>9：10</td><td colspan="7">ラジオ体操</td></tr>
<tr><td>9：30</td><td colspan="4" rowspan="2">いなほ作業
（11：30まで）
受診</td><td>いなほ作業
（11：30まで）
受診</td><td rowspan="2"></td><td rowspan="2"></td></tr>
<tr><td>10：00</td><td>手芸
（2・4週）</td></tr>
<tr><td>12：00</td><td colspan="7">昼　食</td></tr>
<tr><td>13：00</td><td></td><td rowspan="2">リハビリ
いなほ作業
（15：30まで）
一般入浴</td><td></td><td rowspan="2">リハビリ
いなほ作業
（15：30まで）
一般入浴</td><td></td><td></td><td rowspan="2"></td></tr>
<tr><td>13：30</td><td>いなほ作業
（15：30まで）</td><td>いなほ作業
（15：30まで）</td><td>いなほ作業
（15：30まで）</td><td>一般入浴</td></tr>
<tr><td>13：40</td><td colspan="7">ストレッチ体操</td></tr>
<tr><td></td><td></td><td></td><td></td><td>オーラルケア</td><td></td><td></td><td rowspan="4"></td></tr>
<tr><td>14：00</td><td rowspan="2">介助入浴</td><td>農園芸
（1・3週）</td><td rowspan="2">介助入浴
（夏季）</td><td>陶芸
（1・3週）
絵画
（2・4週）</td><td rowspan="2">介助入浴</td><td>茶華道
（2週）</td></tr>
<tr><td>14：30</td><td rowspan="2">軽運動
（2・4週）</td><td rowspan="2"></td><td rowspan="2"></td></tr>
<tr><td></td><td></td><td></td><td></td></tr>
<tr><td>18：00</td><td colspan="7">夕　食</td></tr>
<tr><td>19：00</td><td colspan="7">シャワー入浴（一部）</td></tr>
<tr><td>21：30</td><td colspan="7">廊下消灯</td></tr>
<tr><td>23：00</td><td colspan="7">消　灯</td></tr>
</table>

施設の作業、がんばってます！

宮家理恵さん（40代、女性）

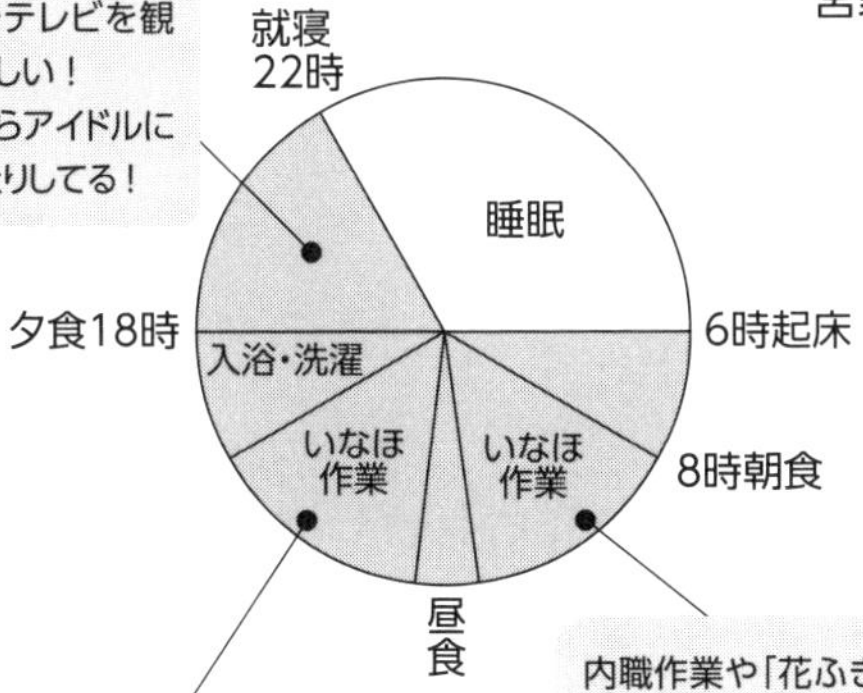

晩ごはんが済んだら、みんなとデイルームでテレビを観て過ごすのが楽しい！
歌番組を見ながらアイドルにワーキャーいうたりしてる！

お風呂のある日は大忙し。みんなが入った後の掃除当番もこなして、その後自分の洗濯もしてたら、お風呂入ったのに汗だくやわ！

内職作業や「花ふきん」づくりなどの縫製作業、メッセージカードづくりなどのペーパークラフト作業（いずれも自主製品）などを行っています。お楽しみは月に1度の作業費。出席日数を基礎にがんばった分だけもらえ、その作業費で買って飲むジュースは格別のうまさ！

マイペースだけどしっかり！

小間口準郎さん（60代、男性）

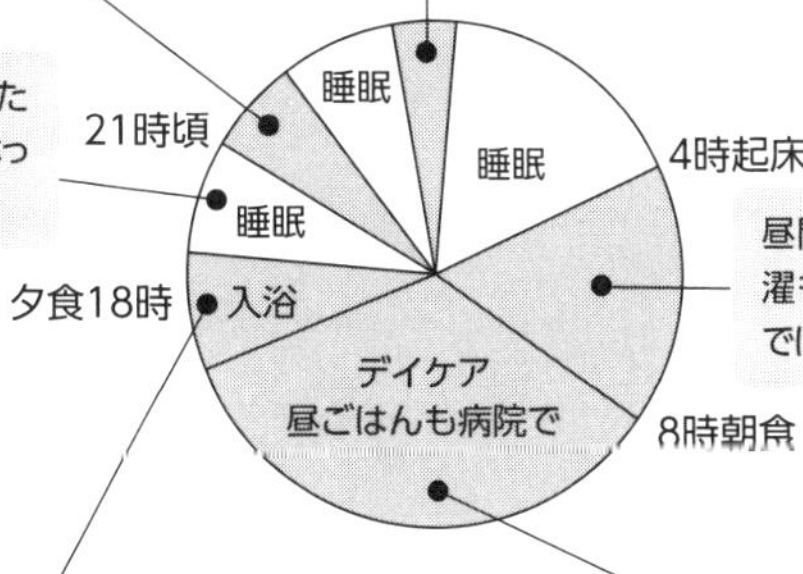

明日の用意しとかなアカン。そうせんと朝から忙しないからな。

もう若くないから長いこと寝てられへん。夜中に目が覚めても一人部屋やし、また寝られるまでテレビ見たりできる。

お腹いっぱいなったらちょっと、眠とうなって寝てしまうねん。

昼間はデイケアに行くから、洗濯も部屋の掃除も朝ごはんまでに済ますねん。

デイケアから帰ってから、コーヒー飲んで一服すんのが、いちばんホッとできる時間。

デイケアは病院で行うグループ取り組み。自分達が企画した喫茶や、農園芸で育てた野菜を調理して食べたりするのが好き。みんなで何かするのは、協力し合えて楽しい。

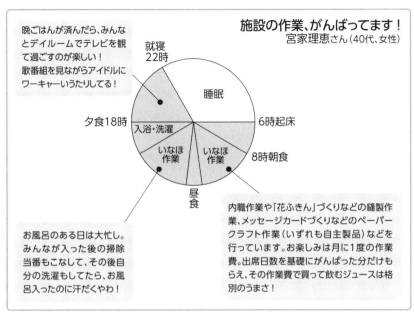

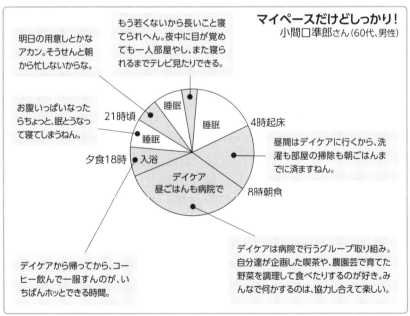

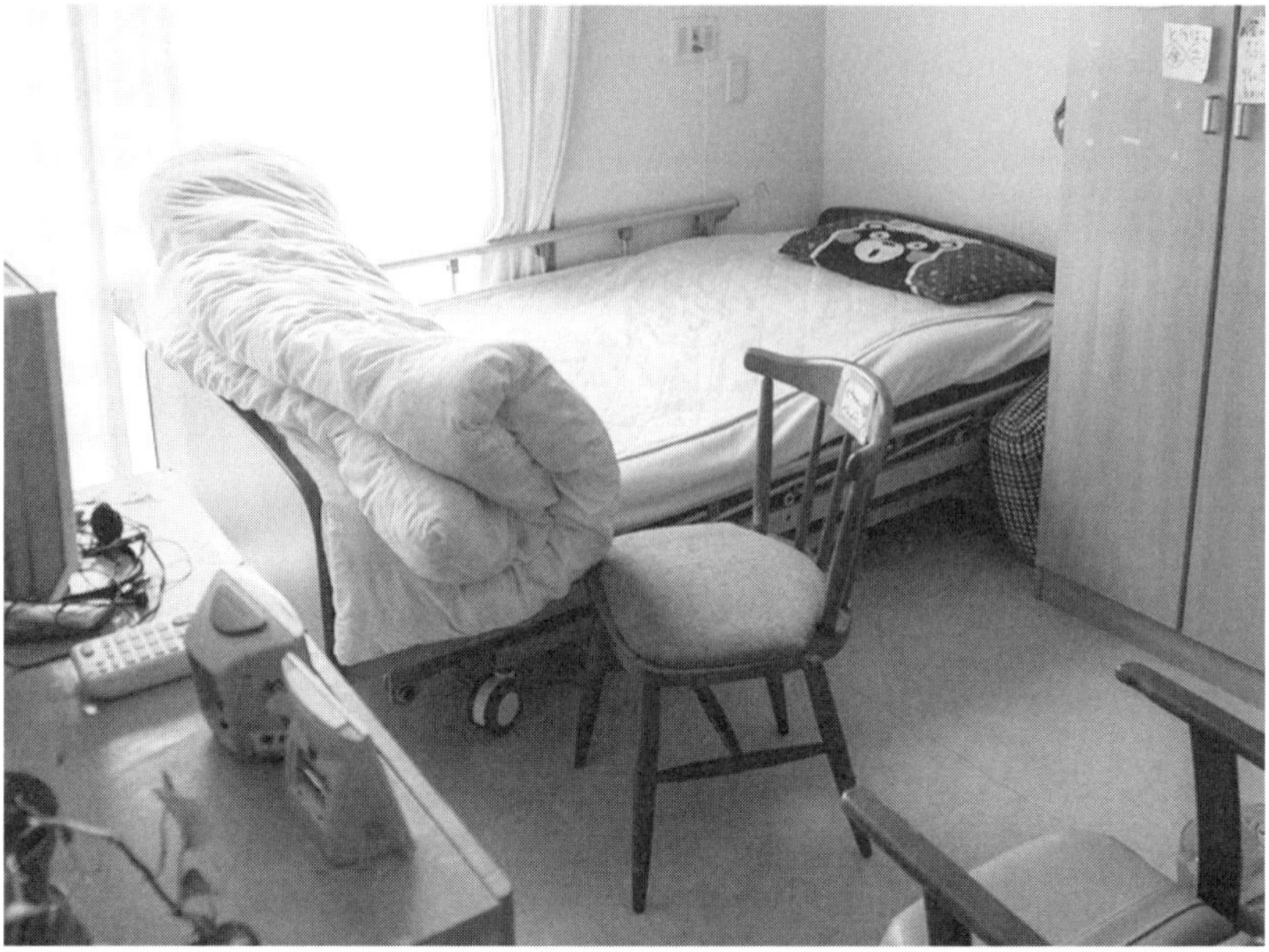

介助中心の生活やけど極楽、かな

潟山ハツエさん（80代、女性）

トイレに行ってオムツをしてもらって、これで安心や。ぐっすり眠れる。おやすみ〜

眼が覚めて、朝のオムツ交換、からだを起してもらってすっきり！　毎朝お母ちゃんに「おはよう」と手を合わせてる。

大好きな氷川きよしのDVDを見たり、「こまどり姉妹」のCDを聴いたりしてゆっくりする♪

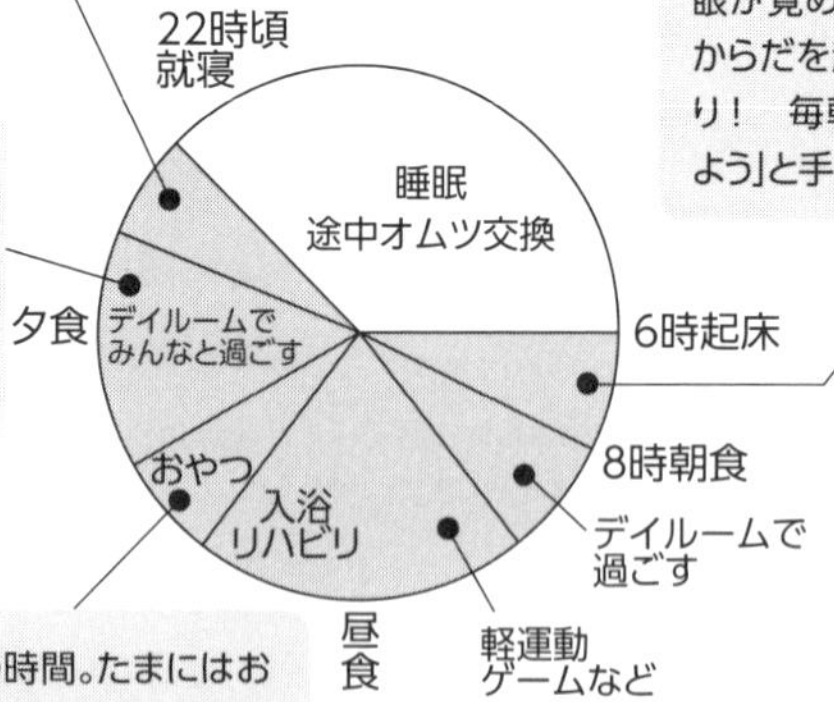

待ち遠しいおやつの時間。たまにはお餅やおせんべいも食べたいけど、用意してもらった「食べやすいおやつ」をゆっくり味わってます。ちゃんとおいしいよ。

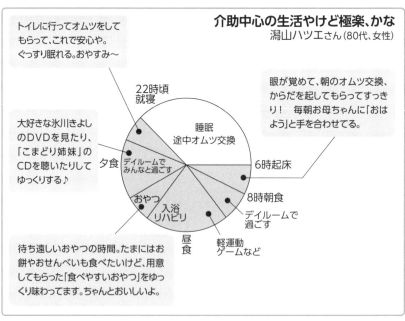

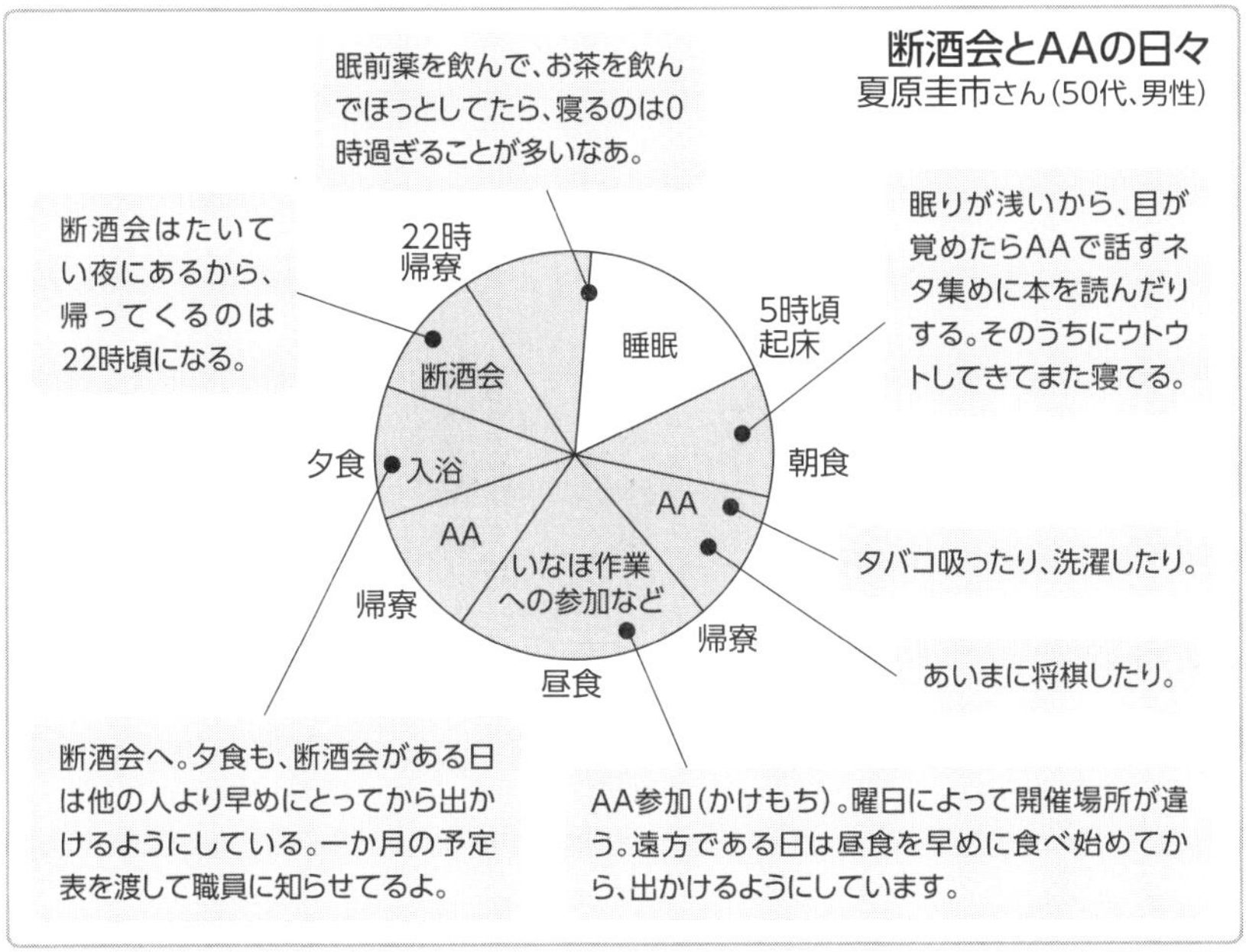
断酒会とAAの日々
夏原圭市さん（50代、男性）
眠前薬を飲んで、お茶を飲んでほっとしてたら、寝るのは0時過ぎることが多いなあ。
断酒会はたいてい夜にあるから、帰ってくるのは22時頃になる。
眠りが浅いから、目が覚めたらAAで話すネタ集めに本を読んだりする。そのうちにウトウトしてきてまた寝てる。
22時帰寮
睡眠
5時頃起床
断酒会
朝食
夕食
入浴
AA
AA
いなほ作業への参加など
帰寮
帰寮
昼食
タバコ吸ったり、洗濯したり。
あいまに将棋したり。
断酒会へ。夕食も、断酒会がある日は他の人より早めにとってから出かけるようにしている。一か月の予定表を渡して職員に知らせてるよ。
AA参加（かけもち）。曜日によって開催場所が違う。遠方である日は昼食を早めに食べ始めてから、出かけるようにしています。

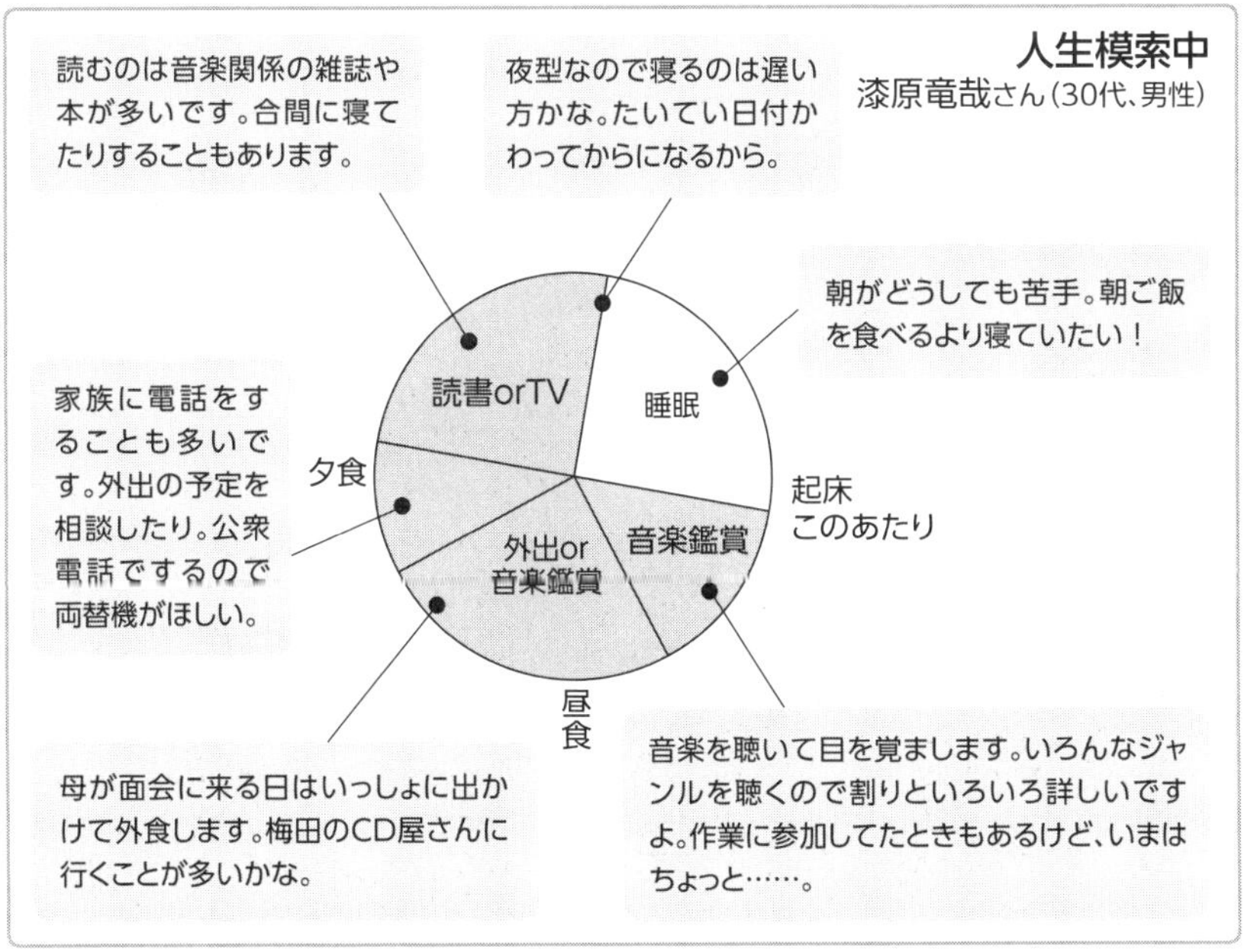
人生模索中
漆原竜哉さん（30代、男性）
読むのは音楽関係の雑誌や本が多いです。合間に寝てたりすることもあります。
夜型なので寝るのは遅い方かな。たいてい日付かわってからになるから。
朝がどうしても苦手。朝ご飯を食べるより寝ていたい！
家族に電話をすることも多いです。外出の予定を相談したり。公衆電話でするので両替機がほしい。
読書orTV
睡眠
夕食
起床このあたり
外出or音楽鑑賞
音楽鑑賞
昼食
母が面会に来る日はいっしょに出かけて外食します。梅田のCD屋さんに行くことが多いかな。
音楽を聴いて目を覚まします。いろんなジャンルを聴くので割りといろいろ詳しいですよ。作業に参加してたときもあるけど、いまはちょっと……。

第2章

救護施設って、「高齢？介護！施設」……？

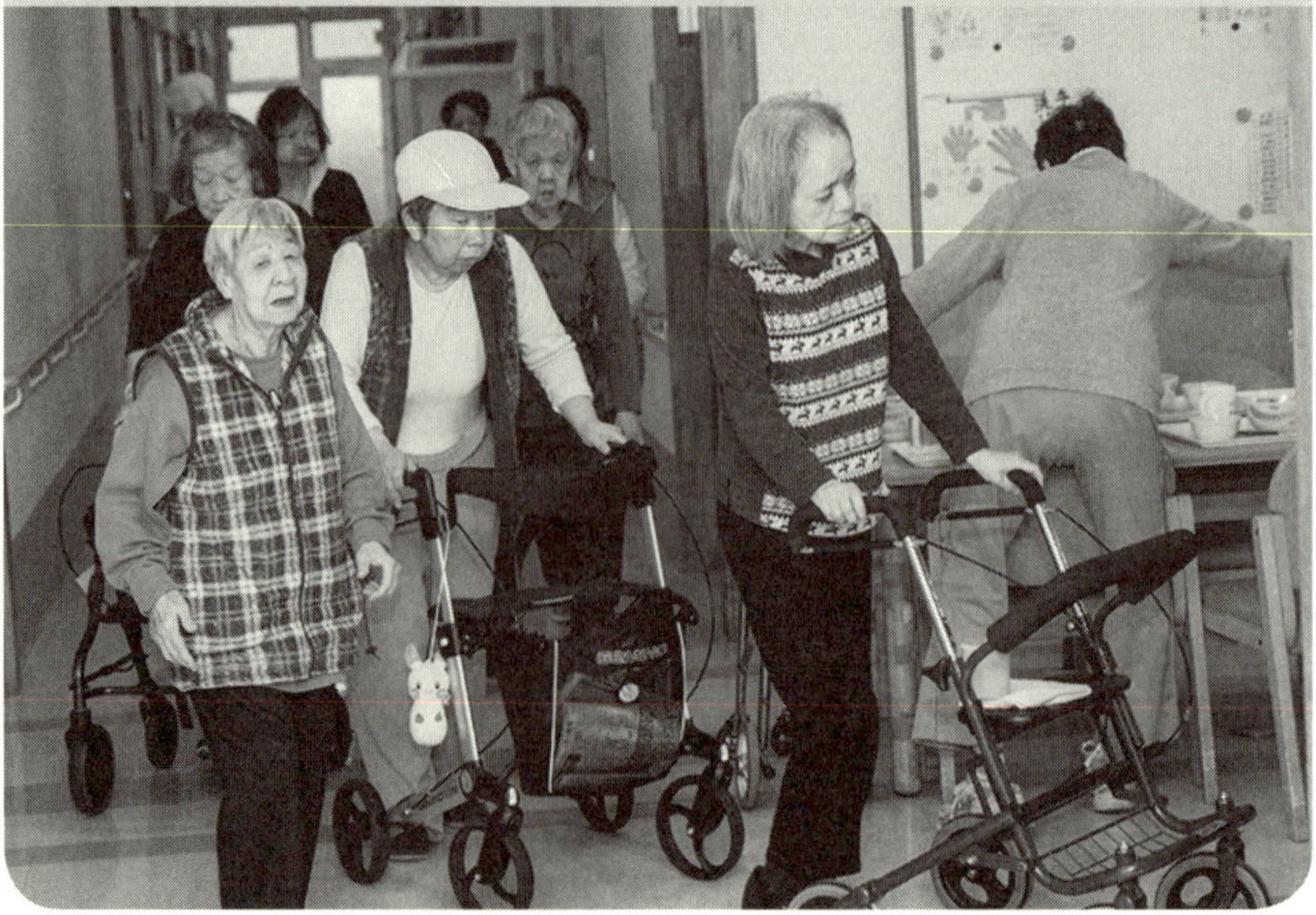

1 「ひとの最期」に関わること

❶ 利用者の支え合いと癒しが導くもの——「最期まで自分らしく」だった今津さん

今津良一郎さんはアルコール依存症で入所していた70代の男性です。肺にがんが見つかって右肺を全摘出したものの、がんをすべて取り切ることはできませんでした。

1か月後に退院して温心寮に戻りましたが、車イスから立つときでも息切れするようなフラフラの状態でした。病状説明を聞いていた職員でさえ「こんな状態でよく退院できたな」と思えるほどで表情も暗く、常に息苦しそうでした。

そして放射線治療が始まります。温心寮では医務室に近い3Fフロアへの居室変更も検討しましたが、今津さんの想いを尊重し、引き続き住み慣れた4Fフロアで暮らしてもらうことにしました。そして、しばらくは急変時の対応に備えて職員の支援室すぐ横の静養室で、安静、見守りを重視した支援を行いました。

また、食欲がなくなってきて食べるのも難しくなり、食事を残すことが目立つようになったため、刻み食を提供することになりました。刻んであるとそれはそれで物足りないのか、我慢しながら食べている様子でした。

さらに、病気になってからもタバコへの欲求は強かったのですが、禁煙を説得しました。まだ未練はあったようですが、吸うと身体がしんどいことを自覚してからは、きっぱりと吸わなくなりました。

放射線治療の影響もあり、少しずつ今津さんの身体に変化が起こり始めます。体力が低下して、とうとう歩くことが難しくなり、車椅子の生活になりました。さらに肺炎を起こすなど、ますます身体が弱っていきました。

そんななか、静養室で過ごしている今津さんをほかの利用者が見舞います。ベッドの今津さんに心配そうに声をかける人、なかには「タバコ吸いに行こか」とブラックなジョークを飛ばす人もいます。

静養室の前は日中、利用者がよく通ります。一人では移乗できない今津さんを気づかい、自分たちで介助して車イスに乗せようとするなど、たくさんの利用者が関わります。するとそのことによって今津さんの表情も明るくなり、ADLもどんどん改善していきました。しかも驚いたことに、ほどなく静養室から自室での対応に変わることができたのです。

今津さんは元気な頃から、周囲の人と冗談をいい合う関係をつくることができる人でした。そして「最期のとき」の間際まで、周りの利用者と関わりながら、日々笑顔で過ごしていました。

私たち職員は、食事量が落ちてどんどん痩せていく今津さんになんとか食べてもらおうと、今津さんの好きなものを用意しました。カップ麺、バームクーヘン、ドーナツ、甘納豆、プリンにジュース……。出前で寿司を頼んだときは喜んで、なんと完食でした。

私たちは「何か食べたいものはないですか」と毎日のように聞いていました。いま振り返ると、聞かれるほうもつらかっただろうと思います。それよりもともに暮らす利用者の「今津さん、具合はどうや?」の日々の声かけのほうが、今津さんの心には響いたのかもしれません。

普段、弱音をはかない性格の今津さん。もっと頼ってもらっていいのにと思いながらも、結局私たちに何ができたのかと、今津さんのプライドの高い生き様を思いながら考える日々です。

（仲慎一郎、飯田葉子）

❷ 舌がんの痛みも告知も――淡々としていた藤崎さん

藤崎雅彦さんは入所したとき50歳。病院を退院しての入所で、診断書にはアルコール依存症、コルサコフ症候群とありました。

温心寮では喫煙室でタバコを吸うほかは居室でテレビを見るなど、どちらかといえばおとなしく、ゆったりとした生活でした。

入所して4年がたったある日、藤崎さんから突然「ちょっと扁桃腺の辺りに違和感があるんやけど」と話がありました。看護師がチェックすると、舌の付け根の辺りがただれたように白く広がっていました。

翌日、近くの総合病院の耳鼻科を受診すると、精密検査の必要があるからと大学病院を紹介され、医師からは舌がんの可能性を指摘されました。

大学病院では舌の組織検査、頸部のエコー、MRI、CT検査を実施。その結果、医師から「(舌がんとは言わず)予想していた病気」で早急に外科的な手術を必要とし、「頸部の痛みと併せて治療していきましょう」といわれました。

手術前の受診で、医師は「舌にがんがあります。手術が必要です」とはっきり告知。藤崎さんは「家族ががん家系なので」と応じたものの、なぜか淡々とした様子でした。

その後、手術についての説明を姉同席で受けました。がんの大きさ、頸部のリンパ節も陽性反応、ステージⅣであること、舌を半分ほど切除するが舌の機能は残り、時間がかかるかもしれないが食事に適応できるように対応していくなど、ていねいな説明でした。

この機会に姉から、藤崎さんについての話を聞くことができました。

藤崎さんの生まれは和歌山県の山奥で、電車もなく、バスが日に数本という田舎で育ちました。両親は自宅で板金業を営んでいましたが、父は早くに亡くなりました。高校も自転車やバスで通えるようなところにはなく、姉弟もそれぞれ全寮制の高校に進学します。

高校卒業後、姉は公務員になって一人暮らし、藤崎さんは大阪で車のセールスマンをしていました。藤崎さんが担当していたところはお金持ちも多かったようで、姉もよく「新車に買い替えてもらった」と順調そうな仕事の話を聞いたそうです。

その後、姉弟はマンションでいっしょに暮らしていましたが、藤崎さんはあるとき突然「仕事を辞める。尊敬していた先輩がクビになるなんて。こんな会社辞めてやる」といい出します。早まらないようにとの姉の忠告にもかかわらず、藤崎さんは会社を辞めて和歌山県に戻り、母親と暮らし始めました。

その後、母親が亡くなった頃から藤崎さんの様子がおかしくなりました。電話で話しても何を言っているのかわからず、心配した姉が大阪から実家に帰ってみると、部屋中にアルコール臭がして酎ハイの缶が転がり、目つきがおかしくなった藤崎さんがいたそうです。

もはや和歌山での一人暮らしは心配だからと大阪の姉の近くのアパートに移ったものの、それからも藤崎さんはお酒で何度も倒れ、救急車で病院に運ばれることもたびたびあって、姉も大変な思いをした――、という話でした。

藤崎さんは舌がんの手術を受けました。術後の経過も良好でしたが、すぐには口から食べられないため、食事のトレーニングを目標に別の病院に転院になりました。

その病院に向かう車中で「あまり長いこと入院しているので、もしかしたら自分はがんなのかな、と気にしていた」と話す藤崎さん。医師から何度も舌がんと言われたことも、手術をしたことも、忘れてしまっているようでした。

やがて経口摂取ができるようになり、温心寮に戻りました。しかし藤崎さんはその後、入退院を繰り返すようになります。そして徐々に食事量も減り、体重も減ってきて、見るからに体力が弱っていくのがわかりました。

おやつに高カロリーのプリンを提供したら喜んで全部食べた、と聞いた職員が「プリン買って来ましたよ」と居室に行くと、「そんな毎日食べられるか」と怒られたこともあります。何かできることはないかと外出をすすめると、体がしんどいのか「部屋で過ごす方がよい」と言われてしまいます。それではと出前の寿司を注文すると、普段は食べない量を食べて職員が励まされる思いをしたこともありました。

やがて入浴も一人でできなくなり、職員の介助で入ってもらうことにしました。元来お風呂好きな人で、気持ちよさそうな入浴姿が印象に残っています。

しかし、その入浴も拒否するようになります。なかなか理由を言ってもらえませんが根気よく聞くと、どうやら頭を洗う際に湯がかかるのが息苦しいということでした。そこでシャンプーハットを試してみたところ、少しは楽だったのか入浴拒否はなくなりました。

このように職員は、温心寮の生活が継続できるように試行錯誤しながら支援を続けていきました。

舌がんと診断され、入退院を繰り返し、痛み止めを服用しながらの生活が1年半経過したときに、異変が起きました。夕方、職員がいっしょにラジオ体操しているときに、藤崎さんの左腕がまったく上がっていないことに気づいたのです。

「藤崎さん、左腕痛いんですか？」

「ヘルニアですかね」

と、藤崎さんはそれががんの転移によるものとは思っていないようでした。

翌日受診。職員が、体重の減少と背中から首にかけて痛みがあることを医師に報告しました。医師は改めて、これらの症状の原因はがんによるものと説明しましたが、藤崎さんは表情一つ変えず、耳に入っていない様子でした。

そして、夜間に救急搬送を要請しなければならない事態もあり、いよいよ施設での生活が限界になってきました。何度目かの入院が決まったとき、医師から「もう温心寮へは戻って来られないかもしれない」と、がんのターミナルケアになることをはっきり伝えられました。

それなのに面会に行くと、藤崎さんは「ヘルニアの後遺症で肩こりがあってね」と話します。表情も悪く、首筋の辺りにピンポン玉ほどのしこりがありました。入院して一か月を過ぎる頃は、「ごはんもばっちり食べられています」などの言葉とは裏腹に、藤崎さんは顔色も悪く、頬も痩せこけていました。

日に日に状態が悪くなり、私たちの呼びかけに返事が返らないことも多くなりました。やがて酸素マスクをつけて苦しそうにしている場面が増えました。職員はできるだけ時間を見つけて面会に行くようにしました。最期は病院からの連絡で職員がかけつけ、姉に見守られながら旅立ちました。

50代にしてがんになり、何度も入退院を繰り返しましたが、藤崎さん自身はおそらく、病の進行や体の異変をわかっていなかったと思われます。居室にあったアルバムの写真を見ると旅行が好きだったようで、友人といっしょの時の表情からは、50半ばで亡くなる人にはとても思えませんでした。

あまり多くを語らない人でしたが、「本当は和歌山に帰って暮らしたい」「温心寮を出て地域で暮らせるかも」など、もっと藤崎さんと話をして、その思いや願いを聞くことができたらよかった、といまになって思います。

（阿部武司）

2 最期のそのとき、その先まで……

❶ ポエム 高槻温心寮のお葬式「温心寮のお葬式はいつもこんな風」

また、この日がきました。今年に入って何回目でしょうか。温心寮のお葬式、いつもの祭壇。素敵な顔で笑っている写真は見慣れないスーツ着てる。

最小限の花、作り物の果物、メロンがなんだか安っぽい。

色とりどりの服をきて友人が集まり手を合わせる。

派手な服の人もあれば、昔着ていたのかな、大きすぎる背広。決まったことにとらわれず友人が集まる。

来ない人もいる。

思い出の品のテーブルには、こんなものが並べられる。いつも着ていたスウェットが上下２着、昔のアイドル写真１枚、食べかけのキットカットの大袋とハッピーターン。

いつもしていた時計といつも眺めてた車のドライブの本、アルプスのスカイラインと書いてある。

古いアルバムもあった。開けると若い時の写真、たぶん20歳くらい、どれもこれも楽しそう。友達と遊びに行ったときかな、髪型は少しリーゼントで女の人との２ショット写真は微妙な距離感がある。写真はその時で止まっていた。

いつも来てくれる優しいお坊さん。お坊さんの背中を眺めて響くお経をききながらあの人のことをいろいろ思い出した。

彼が温心寮に来たのは5年前、50歳の時。病名はアルコール依存症、コルサコフ症候群。

温心寮に来てから、ずっと静かにくらしていた。特にわがままを言うこともなく、
ただ、ひたすら静かに暮らしていた。

特別なことを求めず、特別なことをすることもなく……。

2年前にがんになったときのこと、手術したときのこと、化学療法したときのこと、
そして温心寮にかえってきた時のこと。もうその時は麻薬を飲んで痛みのコントロールをしていた。かなり状態は悪いけど、何となく平然と振るまっていたね。

つらいとか痛いとか言うこともなく、落ちる食欲を誤魔化していたね。

「ご飯が美味しくて結構食べてるよ」って必ず言っていた。

血圧を測りに部屋に行った時、ドライブの本が枕元にあって少し話しました。

「車が好きで、友達の車でよく遊びに行ったなー。自分の車がほしかったなー。

この車好きやったね、スカイライン」

部屋で聞いた車やドライブの話とお葬式で見た大切にしてたアルバムが私の中で繋がった。

こんなに楽しそうで、生きいきとしてた時の彼の写真をみて、
どこで歯車が違ったんだろう、
アルコールでどうしてこんな状態になってしまったんだろうって思った。

おおきな木の箱に入った彼はものすごく小さくなって、色白な肌がもっと白く見える。

昨日、私が薄く置いた頬紅は彼への最後のプレゼント。

なんか安心して笑って見える。

男女にかかわらずこの日の頬紅はまるで魔法です。


御焼香が始まります。

まずは家族の方から……。

初めてお会いする家族。お兄さんとその家族かな？　どんな関係だったんだろうか、お兄さんに聞いてみたくなった。

お兄さんへ。お兄さんはここ温心寮をどんな風に思ったでしょうか……たぶん初めて来られた温心寮をどんな風に感じたのでしょうか……。

貴方の弟さんが以前こんなこと私に話してくれました。

「兄貴は勉強が良くできて、学生の時から優秀やったんや。警察官で偉いさんになってるわ」って言ってました。嬉しそうでしたよ・自慢気な感じ・そしてたぶん寂しかった……。

あなたの兄弟は、人生の最もいい時期に、アルコールで身体を壊して、人生の大半を病院で過ごし、最後はここ温心寮で過ごしました。

お葬式だけれど、時折聞こえる誰かを呼ぶ大きな声・大きな物音……。社会で上手く暮らせなくなってしまった人を受け入れる施設、最後の受け皿ここ温心寮。

どんな風に思ったでしょうか？

できれば温心寮で頑張っているときに会ってあげて欲しかったな。

入居者のほとんどが家族の面会もなく、喧嘩しながら仲良く過ごしています。

ここにたどりついたことが幸せなのか、そうでないのか……わからないけれど。


お別れの御焼香が続きます。

施設職員、その後友人とみなそれぞれのやり方で焼香が続きます。歩ける人も車いすの人も形にこだわらないスタイルで手を合わしていく。

お兄さんは一人一人、温心寮の友人の顔をみて挨拶してくれた。

ありがとうございます。


みんなが囲むホールの真ん中で最後のお別れの時間が始まります。

籠に切ったお花を配ってもらい、みんなで、木の箱のなかの彼のお顔を眺めます。

そしてみんなで、花をかざっていきます。

顔、体、足、手の周りに、置くように花を飾っていきます。

この花は大きいし、顔の横に飾ろうか……。この辺がまだ空いてるよ。

箱のなかの彼は花でいっぱいになった。

花で飾られた顔はなんかまた優しく見えるね。この時ばかりは男女の関係なくきれいです。

担当職員が思い出の品と思い出の写真を体の横に置いてくれた。

ただただ手を合わせる友人。それぞれの気持ちでいろんな言葉を伝えていきます。

安らかに・ゆっくり休んでや・今度はいいところに行ってや。

そして生まれかわったら幸せになってや。

なんかこの言葉は涙が出てしまう。

心が幼少時から止まったような友人もみんな普段は何も言わないけれど、何となくみんな事情があってここにいること、よくわかっているんだな。

それぞれの事情をわかりあえてるんだな。

なんかそんな風に感じました。

花で飾られた彼は、もう一度お兄さんに顔を触ってもらった、そしてお別れをした。

よかったな。

男性職員が、木の箱の彼を車へと運びます。

そして人生で初めて乗るベンツで、温心寮から旅出って、
そしてもう一度かえって来る場所は温心寮のお墓。

ここにはたくさんの人がはいっている。

さみしくないね。

みんなでにぎやかに話してよ。


みんなそれぞれがここで過ごしたことが、幸せか、そうでないかわからないけど……。

ここ温心寮でこのお葬式で、みんなにおくってもらえること、理解しあえる友人がいたこと。一人でないこと、支えてくれた支援員がいたこと。

そのことが幸せではなくても、安心であったら嬉しく思う。

人それぞれ、どんな風に過ごしたいとか、どうありたいとか、みんな違う。
人それぞれ、強いところ弱いところ、得意なところ、そうでないところもみんな違う。
ただ場所が違うだけ……。
お互いわかりあって助け合うだけ。

お互いの個性を理解し、支えあうことが特別でないこと。
安心して生活ができることが特別でないこと。
そうであったら私は嬉しく思う。

ここ温心寮で、
人生の最期を迎える人にもそうでない人にも、安心して生きる力をもらえますように……。
そして支える仕事に携わる私たちも、嬉しく感動ある温心寮でありますように……。

（古谷佳子）

❷ 最期は「自分らしく」を貫く——生前にキリスト教式のお別れ会を希望した浜西さん

異変に気づいたのは、思うように身体が動かなくなり、排泄の失敗が目立つようになってからのことでした。それはいずれ訪れるその日の、わずか3か月前のことでした。
浜西幸枝さんは精神科に入院していた若い頃、篤くキリスト教を信仰して洗礼を受けていました。温心寮でも、月に1度の教会の礼拝には必ず参加するほか、教会の訪問を受けて施設で行われる毎週のミーティングなど、熱心に活動していました。

普段は身体がなまってはいけないと、午前中は廊下歩行を日課にして自らリハビリに取り組むなど勤勉な生活でした。杖歩行で転倒に注意は必要なものの、身辺は基本的に自立していました。精神障害からしばしば不眠などを訴えることがありましたが、医師と連携を取りながらの穏やかな施設生活を過ごしていました。

職員が最初に気づいた異常は、入浴後に息切れする様子やお腹の張りでした。それまで入浴に介助の必要はなく、見守りのみでした。更衣のときも浴室内の移動時にも普段息切れはありませんでした。そのため職員もいつもの浜西さんではないと感じ、すぐに内科を受診しました。

内科では、過飲水による心臓への負担増からくる動悸だろうと、しばらく様子を見ることになりました。腹部の張りも過飲水によるものだと考えられていました。このときすでに、毎日欠かさず行っていた歩行リハビリはできなくなっていました。

そしてほどなく、就寝時の息苦しさとそれによる不眠を訴えるようになります。併せて食欲不振、便秘、長く続く微熱などの症状が見られるようになります。

精神薬の副作用を疑い医師にも相談しましたが、薬の影響は出にくいとの見解で、結局体調不良の原因はつかめませんでした。便秘に対して下剤を服用すると、排泄を失敗してしまうため中止。就寝時の息苦しさは頭を挙げて休むようにし、夜間見回り時の様子観察強化など、その都度体調を見ながら支援方法も工夫して、浜西さんのしんどさに寄り添い続けました。

そして腹部の張りがより目立つようになり、消化器科を受診しました。この時のCT検査で腹水の貯留がわかりましたが、原因がわからず精密検査をすることになりました。

浜西さんはようやく自身の体調の変化に気づき「私、どこが悪いんでしょうか?」と不安そうです。夜間の息苦しさは継続してあり、排泄など身の回りのこともできなくなって、原疾患がわからないまま常時の見守りと介助が必要な状態になって、職員は静養室の利用をすすめました。浜西さんにはなかなか受け入れてもらえませんでしたが、とうとう自身もしんどさが顕著となり、静養室での様子観察が始まりました。

しかしそれも1日だけでした。静養室へ移動したその晩、息苦しいとの訴えでバイタル測定すると、血中酸素濃度が80%と低く体内に十分な酸素が回らない状態となっていたため、救急受診してそのまま入院したからです。

入院してすぐ、腹水から悪性腫瘍の細胞が検出されたこと、原因臓器はわからないが、腹水に細胞が出るまで進行しているため、特定できても治療はほとんどできない、と病院から連絡が入りました。体調不良を訴えてから2か月を過ぎた頃でした。

浜西さんの持ち物を病院へ届けるため居室で準備をしていると、施設長宛ての手紙が出てきました。そこには自身の最期を悟り、これまでの感謝とともにキリスト教式のお別れ会をしてほしいと、浜西さんらしいていねいな言葉が達筆で記されていました。手紙には、遺影の写真も同封されていました。

入院中は比較的元気で過ごし、食事も摂れている様子でした。面会に行くといつも、自分の体調より職員を労ってもらいました。教会の人の面会もあったようで、浜西さんもそれが支えになっているようでした。

すでにステージⅣで積極的な治療も効果がないこと、呼吸苦などにはモルヒネを打つなど対処療法しかないことが医師より説明されました。このことは浜西さんにも伝えられましたが、「どうして手術してくれないのですか?」など初めは受け入れることが難しいようでした。

それでも何度か浜西さんと話をするなかで、次第に「たちの悪い病気になってしまった。酸素吸入がないと生活できないと先生に言われたので、温心寮に帰りたいけど、戻れなくても仕方ないですね」と受け入れられるようになっていきました。

いよいよ緩和ケアが必要となりました。専門病院への転院が検討され、さまざまな選択肢のなかから温心寮近くの緩和ケア病棟へ移ることが決まりました。浜西さんも「緩和ケア病棟に移るとやっとお風呂に入れてもらえるそうです」と、とても楽しみな様子でした。ただ、その思いがかなえられることはありませんでした。

緩和ケア病棟への移動が翌日に迫った日の朝、病院より急変の連絡を受け、職員が病院へ向かいました。到着するとすでに意識がなく、脈も取れない状況でしたが、医師は職員の到着を待って死亡確認を行いました。病院によると、その朝は緩和ケア病棟へ移る日を確認し、お風呂に入れることを楽しみにしていたとのことでした。

浜西さんはその日のうちに温心寮に帰って来ました。そして、浜西さん最後の希望の実現に向け、福祉事務所や教会とも相談し、温心寮ではおそらく初めてのキリスト教式のお別れ会をすることになりました。参列した利用者、職員が讃美歌を歌い、献花をして浜西さんとお別れしたのです。

さまざまな不調の訴えがありながら検査でもなかなか問題が見つからず、その間どのような支援ができるかを模索しながらも、主には精神的な不調によるものではないかと、私たちは憶測で対応してしまっていたのではないか、浜西さんの思いにもっと耳を傾け、何がしか周囲に働きかけることができたのではないかなど、いまとなっては悔やむばかりです。

それでも生前に、自ら亡くなった後のことを決めていた浜西さんの高潔さに、救われるような思いをしたのも事実なのです。

（山田　優）

第3章

1日3度の大事な“生活支援”

温心寮の食事提供について

高槻温心寮の給食とそれを提供する給食部の取り組みは、温心寮の支援の特徴の一つです。温心寮を運営する社会福祉法人大阪福祉事業財団には、保育園など子どもの施設が多いこともあり、法人として「食の指針」を定めるなど、いのちを支える食について積極的な考えをもっています。そのため多くの施設に厨房があり、できたての温かい食事を提供しています。

しかし温心寮の厨房の事情は、法人内のほかの施設とはやや異なる面もあるようです。この章では救護施設の厨房について、給食職員で行った座談会における、栄養士や調理員の言葉から考えます。

1 それぞれに合った食事提供の工夫

――一人ひとりの声に耳を傾けながら

20代の栄養士・櫻井瞳は、2年前に温心寮に就職した当時を振り返り、こう話します。

「200人の利用者さん一人ひとりが全然違うのに、みなさんに満足してもらえるような食事をどうやってつくればいいんだろう、と思っていました。温心寮は10代、20代の人から90代、場合によってはそれ以上の人までいる施設で、私の知っている施設の調理現場とはまったく異なっていたんです。たとえば保育園では、小さな子どもに提供することをイメージしてメニューを考えることができますが、温心寮ではターゲットが絞りにくい。誰をイメージしてメニューを考えていけばいいか、悩みました」

ホテルや病院のように大量給食の調理現場は決して珍しくありませんが、温心寮のように対象が200名

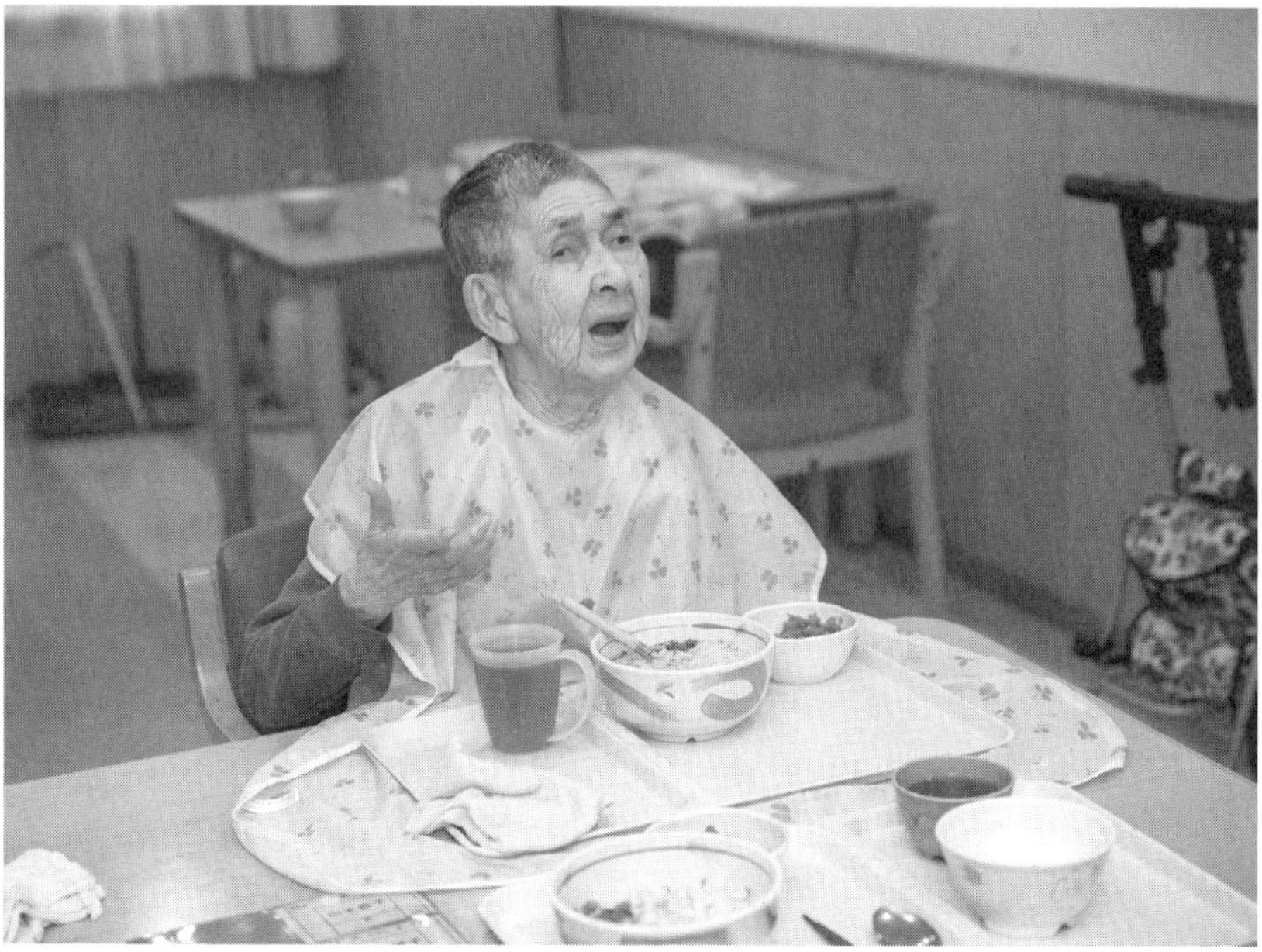

の何らかの障害のある人たちであり、その上年齢層が幅広く、その人たちに毎日食事を提供するとなると、日々の調理現場の「当たり前の仕事」を組み立てる難しさがあります。

特に近年増加しているのが、病気などへの配慮食です。アレルギー対応はもちろんのこと、高齢者を中心にした刻み食やペースト食の提供も「当たり前のこと」になっています。さらには糖尿病の人のカロリー制限食や高血圧の人の塩分制限食、腎疾患の人の低たんぱく食などにも対応。重度の腎疾患の人向けに、無塩の食事の提供も行うようになりました。

「これだけさまざまな年齢の人がいる上に、食事制限が必要な疾病もさまざま。正直、一人ひとりの利用者さんの食事に対応していくことは大変です。ですが、そういったなかでも何が大切なのかを常に考えているつもりです」

と櫻井。そんななかでも特に心がけているのが、利用者の声を反映させたメニューづくりです。ベテラン栄養士の岡田美和子はその工夫をこう話します。

「直接声をかけてもらうこともあれば、メモ用紙にリクエストを書いて何枚ももって来てくださることもあります。リクエストが多いのは、ラーメンやうどんなどの麺類ですね。天ぷらやトンカツなどの揚げものも根強い人気です。以前、リクエストがあって『味噌カツ丼』を提供したときは、その味で故郷を思い出した人が、行きの交通費だけしかないのに名古屋まで行ってしまい、迎えに行ったこともありました（笑）。栄養バランスやカロリー計算、材料費の高騰などもあり、すべての声に応えることはできませんが、可能な範囲でリクエストをメニューに反映させています。『おいしかった』『ありがとう』と声をかけてもらえることを励みに、新しいメニューも考えています」

温心寮には二つのメニューを事前に提示し、選んでもらって提供する「選択給食」があります。毎回、調理員が二人一組で考えます。

「栄養士だけではなく、調理員のアイデアを取り入れることでメニューに幅が出る」

と、調理員の柳生英雄は話します。

「栄養バランスやコストを中心にメニューを考えていると、意識をしていてもメニューが固定化してしまう傾向が出てきてしまいますが、調理員のアイデアを入れることで、そこに変化を生むことができます。栄養士も私たち調理員の意見を前向きに取り入れていますし、メニューに反映されることでモチベーションのアップにもつながります。これまで提供したことのないメニューにチャレンジすることも多いですね。たとえば、ロコモコやガパオライス、それに普段は全員が食べられるように辛さを抑えているカレーについても、もっと辛いカレーをとリクエストをもらって辛いグリーンカレーを提供したこともあります。利用者さんに馴染みの薄いメニューでも、人気の高いものはレギュラーメニュー化するものもあります。シシリアンライスなどはレギュラー化したメニューの一つですね」

さらに、栄養士の櫻井は次のように話します。

「さまざまな世代がいるところだからこそ、昔は食べる機会のなかったようなメニューを提供していくことにも意義があると感じます。逆に年配の人から、私たちが知らないメニューをリクエストされることもありますね」

たとえば戦後すぐの時代を経験している人のなかには「芋の献立は、戦後すぐのおいしくない芋ばかりを食べていた記憶がよみがえるから苦手」という人もいて、食事提供を通したコミュニケーションから、世代を超えた学びを得ることもあります。

また栄養士の岡田は、施設だからこそ大切にしたいのが、メニューの季節感、家庭的な雰囲気だといいます。

「なるべく旬の素材を取り入れることを心がけています。その季節ごとの食材を取り入れることで、季節を感じてもらえますし、身体にもいいですからね。また、七草粥や土用の丑の日のうなぎなどは、毎年必ず提供しています。一度価格のことを考えて、丑の日のうなぎの提供日をずらしたことがあったのですが、そのときの利用者さんからの反響が大きく驚いた記憶があります。そんなにも丑の日のうなぎを楽しみにしてもらえていたんだと、改めて感じました。

以前はお彼岸のおはぎ、秋の月見団子なども提供していましたが、利用者さんの状況が変わり、のど詰めなどの事故も懸念されるため、残念ですが現在は取りやめています。

そうしたこともあるので、いま提供できているものはできる限り、続けていきたいと思って取り組んでいます。たとえば冬に実施している鍋もの会です。普段の食堂とは違った雰囲気で、少人数で鍋を囲む機会は、施設のなかでは貴重です。全員に提供するには1か月近くの期間がかかるのですが、大切にできたらと思います」

さらに、家庭的な雰囲気を少しでも感じてもらうことを大切にし、そのために可能な範囲で手づくりにこだわっています。

「最近では、冷凍などの既製品も安くて質のよいものが出ています。よいものは取り入れるようにしていますが、それでも手づくりのほうがよいと思うものは、できる限り手づくりで提供しています。たとえばハンバーグ。既製品だとどうしても固くなってしまうところがあり、手ごねハンバーグにこだわっています。手づくりであることを感じてもらいやすく、生地に豆腐を入れることで軟らかさの調整もできます。また、年数回の食事を中心とした施設内でのイベントの際には、天ぷらや焼肉などの実演を取り入れて、見た目や音、香りも楽しんでもらえるようにしています」

2 食べ方にその人の背景が表れる

こうした栄養士、調理員の話を実現可能にしているのは、直営の厨房が施設内にあることだと考えています。生活保護の施設、「最後の受け皿」とも称される施設であっても、食はゆたかであるべきという思いがあるからこそ、私たちは直営の厨房にこだわっているのです。

人間は生きていくための情報の約80％を視覚から得ている一方、味覚からはわずか1％ともいわれます。しかし食の楽しみは決して味覚だけでなく、視覚はもちろん嗅覚や触覚、時には聴覚など、すべての感覚からさまざまな情報を得るなかで生まれるものです。

施設では、そのようなすべての感覚を刺激し、かつ生きるために必要不可欠な食事提供という支援が、1日3回行われています。普段意識することはないかもしれませんが、考えてみるとこれ以上ないほど大切な〝生活支援〟だと改めて気づかされます。だからこそ直営で、自分たちで責任をもって食事を提供することに

こだわるのです。

救護施設の利用者の食事を見てみると、さまざまな食べ方の人がいることに気づきます。栄養士の岡田はそのことを次のように指摘します。

「その人が置かれてきた背景が、食事の仕方に表れている」

たとえば、家族からの経済的虐待により、温心寮に来るまで「日に1食、あるかないか」だったという男性は、食事が始まるかなり前から食堂の前で待っていて、時間になると真っ先に座席に向かい、かきこむように食事を済ませます。熱いお粥に、わざわざ冷たい酢の物を混ぜ、冷ますことで少しでも早く食べ終わろうとしている姿は、何かに追われるかのようです。男性にその行動について尋ねると「とにかく食えるときに食わんと」「早よ食べんと、もっていかれる」と答えます。

担当職員はその様子について、

「詳しいことはわかりませんが、入所してきたときはいまより20kgほど痩せていたので、たぶんろくに食事をとっていなかったのだと思います。いまもそのときの感覚が抜けることなく、食べられる機会を逃さないように、というのがあるのでしょう」と話します。

3 五感を大切にした食事提供を

救護施設の利用者には、これまでの生育環境に何らかの問題があった人も多く、食事環境も恵まれたものでなかったことが想像されます。〝生活支援〟の一つである食事の提供には、利用者一人ひとりの背景と向き合った上で、そのそれぞれの心をゆたかなものにする意味合いもあります。

直営方式や一人ひとりに合った食事の提供には当然、お金も手間もかかります。経営面だけなら外部委託という手法は間違いのないことで、福祉業界でも主流となりつつあります。

しかし、たとえば事前に調理したものを温め直す「クックチル」と呼ばれるような方法では、先に述べたような五感に働きかける食事が果たして可能なのか、一人ひとりのその日の状態に合わせた食事提供ができるのか……、などを考えると疑問を抱かざるを得ません。

私たちは、そのときどきで考え方や枠組みは違っても、施設として集団で食に向き合ってきました。その姿勢が、現在の給食のあり方をつくり上げたのだと考えています。

五感を大切にした食のゆたかさを、人間の営みに彩りを添えるものとして、これからも追求していきたいと思います。

（吉本　純）

第4章

救護施設は人生の交差点

1 ようこそ、高槻温心寮へ
——施設入所からその社会的役割を考える

高槻温心寮は男女各100名ずつ定員200名のうち、近年は年間20～30名ほどの新たな入所者を受け入れています。ここでは、温心寮や救護施設への入所について考えます。

❶ 入所の理由・傾向

救護施設は生活保護法第38条に次のように規定されています。

「身体上又は精神上著しい障害があるために日常生活を営むことが困難な要保護者を入所させて、生活扶助を行うことを目的とする施設とする」

よって救護施設は当然、生活保護を受けている人が入る施設であり、また生活保護は本来在宅保護を基本とする制度ですから、居宅生活が送れない人が入る施設、ということになります。

そして生活保護制度は他法優先です。つまりほかの法律で対応が可能ならば、まずはそれを使います。障害のある人なら障害者総合支援法や精神保健福祉法、高齢者なら老人福祉法や介護保険法などの法律で対応できない場合の最後のセーフティネットになることから、結果として比較的重い障害がある人が入る施設になっています。

障害程度などを別にした救護施設への入所理由を列挙すると、次の通りです。

- 一人での居宅生活が困難である（まず、一人暮らしは無理）
- 日常的な生活支援が必要である（たいていなんらかの手助けがいる）

さらにいえば、

- 誰かの見守りや支援が常に必要である（ほぼ毎日の手助けが必要）

そして、

- 現在病院に入院中だが退院後の行き先がない（帰るところがない）
- 現在ホームレス状態で住む場所がない（住むところがない、仕事もない）
- 地域生活に向けての訓練の場として施設入所が必要（地域の一人暮らしができなくもないが、いまは難しくて生活の立て直しや練習がいる）
- 近親者が亡くなったり、体力面や精神面に限界を感じたりして、生活をともにすることが困難（家族や親せきに頼ることができない）

などなど。

これらの入所ニーズは、これまでの長期にわたる救護施設の歴史のなかでも、それほど大きく変わっていません。しかし実際に救護施設に入所した人の障害程度や傾向は、その時代や施設がある場所によって、ずいぶん異なるのが実態です。

たとえば温心寮は、生活保護法と救護施設ができた頃からの施設で、当初は戦後世相を映すように、働けなくなったり住むところがなくなったりした身体障害のある人が多く生活する施設としてスタートしたようです。

その後、家族の支えを受けていた知的障害のある人が、家族の高齢化によりたくさん入所した時代を経て、現在は精神障害のある人が約8割を占める施設になっています。

これは、国が進める精神障害者の長期入院解消の動きと大きく関わっています。長期にわたって精神科病院で生活せざるを得なかった人の居宅生活への足がかりとして、あるいは地域生活そのものの場としての役割を、今日の救護施設が担っているのです。

近年の温心寮利用者の様子を実際の数字で紹介します。

障害別の構成（図表1−1）を見ると、前回『救護施設との出会い』を出版した2003年に比べ、精神障害がある人の割合が年々増え、知的障害がある人の割合が減っていることがわかります。

また精神疾患の内訳（図表1−2）を見ると、統合失調症やアルコール依存の人が増加傾向です。2005年に施行された発達障害者支援法も受け、以前はなかった「発達障害」や「その他」というカテゴリーも新たに設けています。

年齢構成は図表1−3の通りです。19歳から96歳までの利用者が入所しています。

2003年以降の平均年齢は60代で推移しています。65歳以上の人数は、2003年の77名から2017年の114名まで増えました。全体的に高齢化していることがうかがえます（図表1−4）。

65歳以上ということは、本来なら介護保険制度が優先です。しかし、障害や疾病などで生活のしづらさを

図表 1-1　入所者の障害別構成の割合（%）

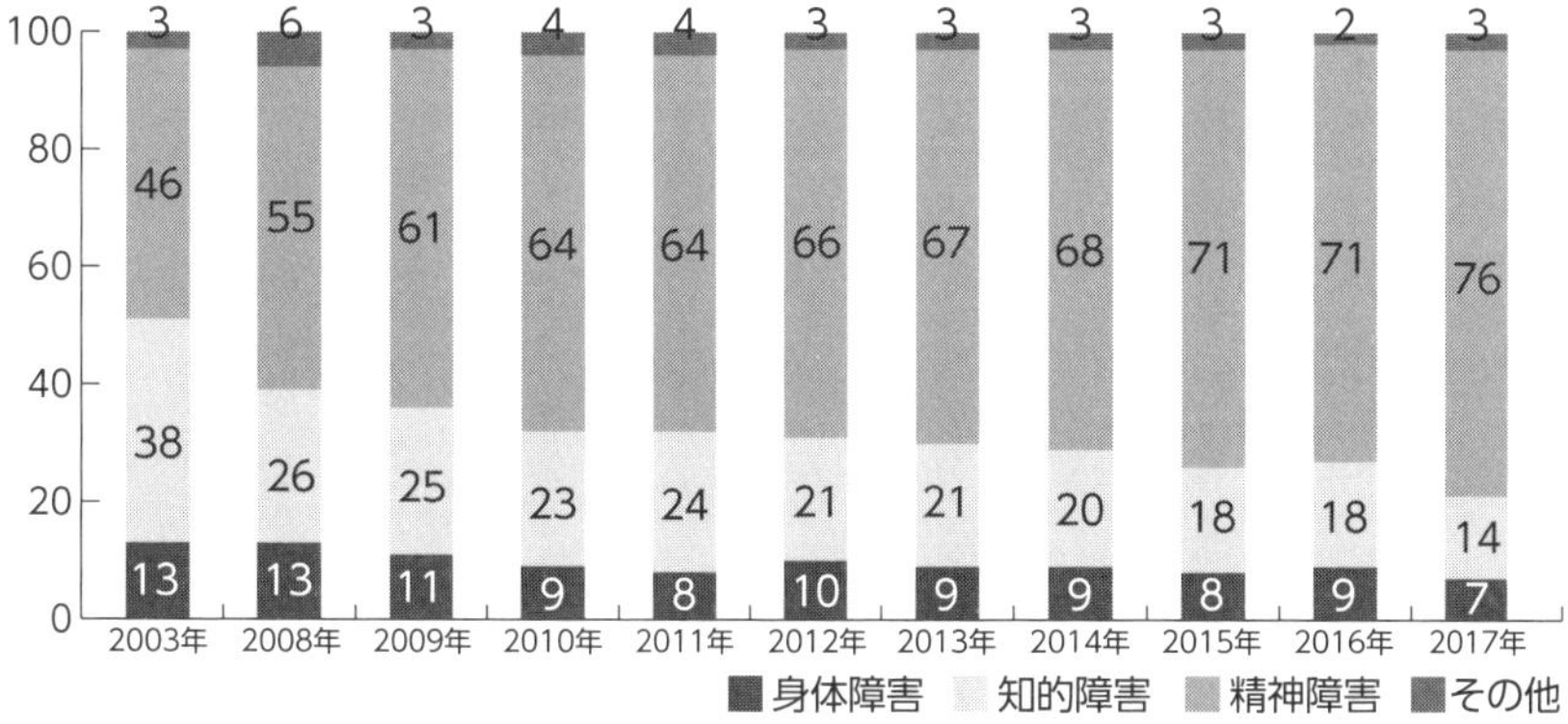

図表1-2 入所者の精神疾患の内訳　（人数）

分類	2003年	2008年	2013年	2014年	2015年	2016年	2017年
統合失調症	58	69	88	83	84	87	89
感情障害	5	5	2	2	3	9	10
非定型精神病	9	11	9	10	10	10	10
心因症	4	4	3	6	2	2	2
神経症	3	2	5	5	9	2	2
人格障害		1	2	1	2	2	2
てんかん	4	7	5	5	6	3	3
認知症	2	4	3	3	2	2	1
アルコール依存症	11	12	18	18	22	19	19
中毒性精神病	1	3	2	2	2	3	3
器質性精神病	3	3	5	6	6	6	7
転換性ヒステリー	2						
発達障害						2	2
その他							6
合　計	102	121	142	141	148	147	156

入所依頼書の記載などによる。年齢構成は図表3の通りです。19歳から96歳までの利用者が入所しています。

図表1-3 入所者年齢別構成　2017年4月1日現在　（人数）

	19〜29歳	20〜39歳	40〜49歳	50〜59歳	60〜74歳	65〜69歳	70〜74歳	74〜79歳	80歳以上	計
男性	2	1	7	15	18	25	14	11	7	100
女性	0	4	9	16	14	22	15	9	11	100
計	2	5	16	31	32	47	29	20	18	200

抱えていても、身辺的に自立していれば、制度の対象外で要介護認定はされません。これは一般の高齢者も同様です。介護保険制度では充分な支援が受けられない高齢者が、最後のセーフティネットである救護施設で生活全般の支援を受けている、今日の社会保障制度の実態の一部といえます。

なお、65歳以上の人数が増加しているのに平均年齢がそれほど上昇していないのは、以前に比べて10代や20代の若い入所者が増えている影響と考えられます。

❷ 入所に向けての流れ

いまや世の中の施設入所の多くは、契約制度によるものとなりました。個人が施設と直接契約を結び入所する形が現在は主流です。

しかし救護施設は、公的な責任による措置制度というこれまで通りの入所の仕組みが残っている施設で、生活保護の実施機関である各自治体の福祉事務所から依頼を受ける形で入所する仕組みになっています。時折個人から「入所できませんか」「家族を入所させたいのですが」という問い合わせがありますが、基本的には制度に則って「生活保護を受けている福祉事務所でご相談ください」と答えています。

入所の受け入れは、福祉事務所のケースワーカーや支援者からの電話依頼などでスタートします。施設を見学して本人が施設のイメージをもち、その上で入所を希望すれば、入所に関する書類（入所依頼書）を福祉事務所が提出します。入所待ちの人があれば、その順番が進んで入所が近づいた段階で入所前面接を行い、本人のさまざまな情報をもとに入所が可能かどうかを判断して、入所へと至ります。

高槻温心寮の場合、見学の際に本人や支援者に好評なのが、個室であることです。いまでは施設でも個室は当たり前の流れですが、救護施設で個室化されているところは、増えてはいるものの、そう多くはありません。

特に地域で一人暮らしをした経験がある人にとって、施設入所は少なからず抵抗があるものです。個室で生活ができることは、そのハードルを少し下げているように感じます。個室というだけで、近畿圏以外からの問い合わせもあります。

また、温心寮の近隣には精神科病院も多く、それぞれの病院からの入所受け入れも多くなっています。入所は基本的に各自治体の福祉事務所から依頼を受けて行いますが、病院からの入所の場合は、各病院の相談員との協力関係も大きなカギとなっています。

たとえば、近隣のある病院の相談員から依頼を受け、病院の入院患者向けに温心寮の見学会を行いました。その際、その病院から入所した人が施設生活について語る場を設けるなど、施設をより身近でリアルに感じてもらうような取り組みにしました。

病院では、外来受診時や入院時に患者同士の情報交換もあるようです。温心寮に入所見学に来て、病院の顔見知り

図表 1-4　平均年齢と 65 歳以上人数の推移

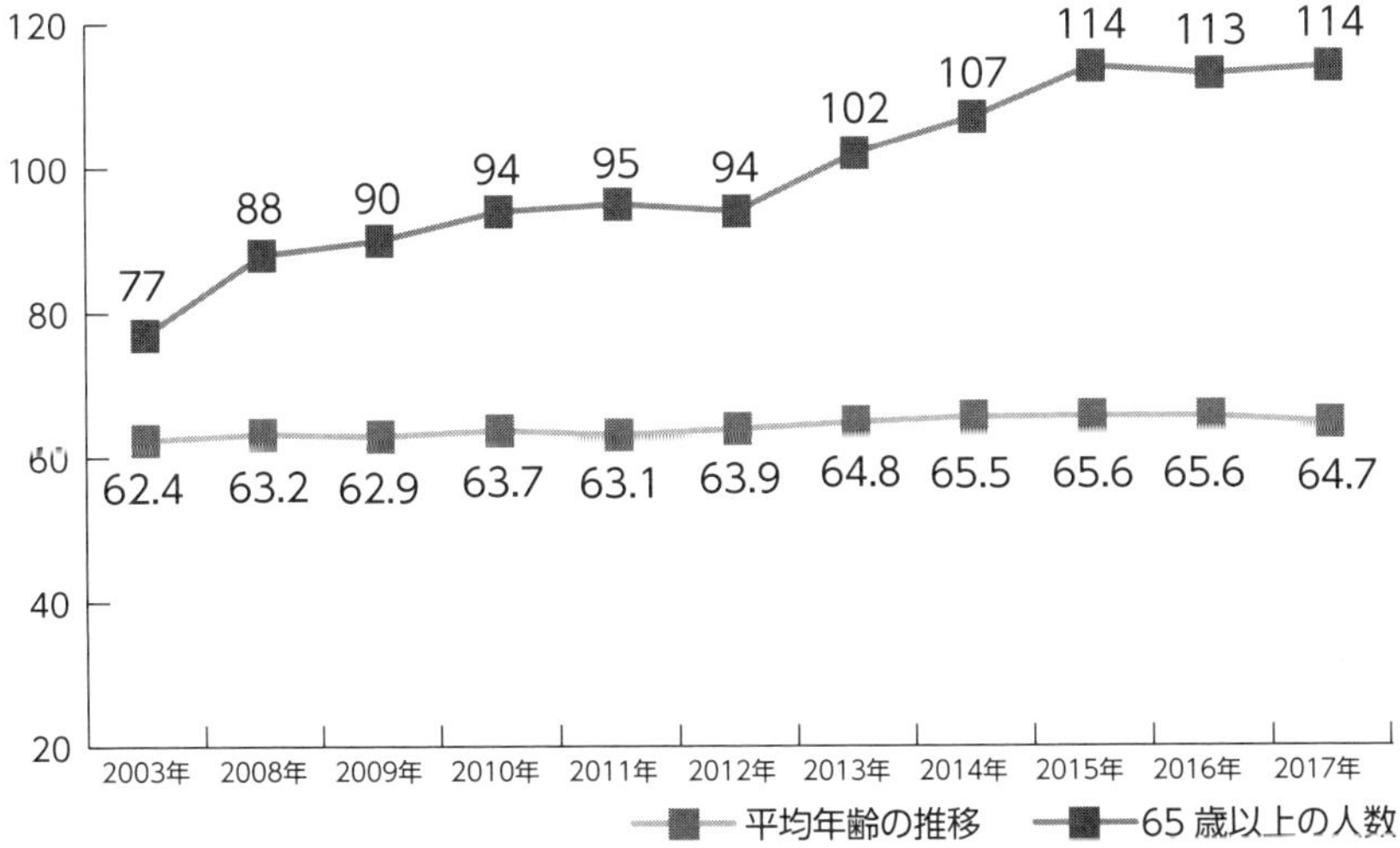

に会って挨拶を交わすことも少なくありません。「ここはゴハンもおいしいし、いいところやで」など、利用者が見学者に声をかける姿を見かけることもたびたびです。

❸ 一人ひとりに対しての支援と救護施設の限界

入所にあたっては、まず本人の想いが大切だと考えます。

実際には、ケースワーカーや周りの支援者が主体となって施設入所をすすめることも多く、本人が施設を希望していない場合や自身の置かれている状況を理解し切れていない場合、あるいは施設入所の必要性を感じていない場合などもあります。

そのような人が無理に入所しても、施設の生活は続きません。まずは自ら「ここでなら生活してもいいかな」「ここをスタートにやり直そう」など、入所を前向きに捉えることが大切だと考えています。

そのために見学だけでなく、施設で行っている作業を実際に体験したり、体験入所に取り組んだりするなど、入所してからの生活のイメージをもてるような工夫をすることもあります。

また集団生活ですから、ほかの利用者との関係にも着目することがあります。もともとの知り合いが入所している場合もありますが、うまくいく場合もいかない場合もあり、時には大きなトラブルに発展することもあり得ます。したがって、さまざまな視点でその人の人間関係の捉え方を確認していきます。

さらに、その人を温心寮で支援することが実際に可能かどうかも考えなければなりません。たとえば、救護施設は介護施設ではありませんから、要介護5の寝たきりの人が入所しても、本人にとって安心で心地よい支援を受けるのは難しいといわざるを得ません。

図表1-5　入所までのフローチャート

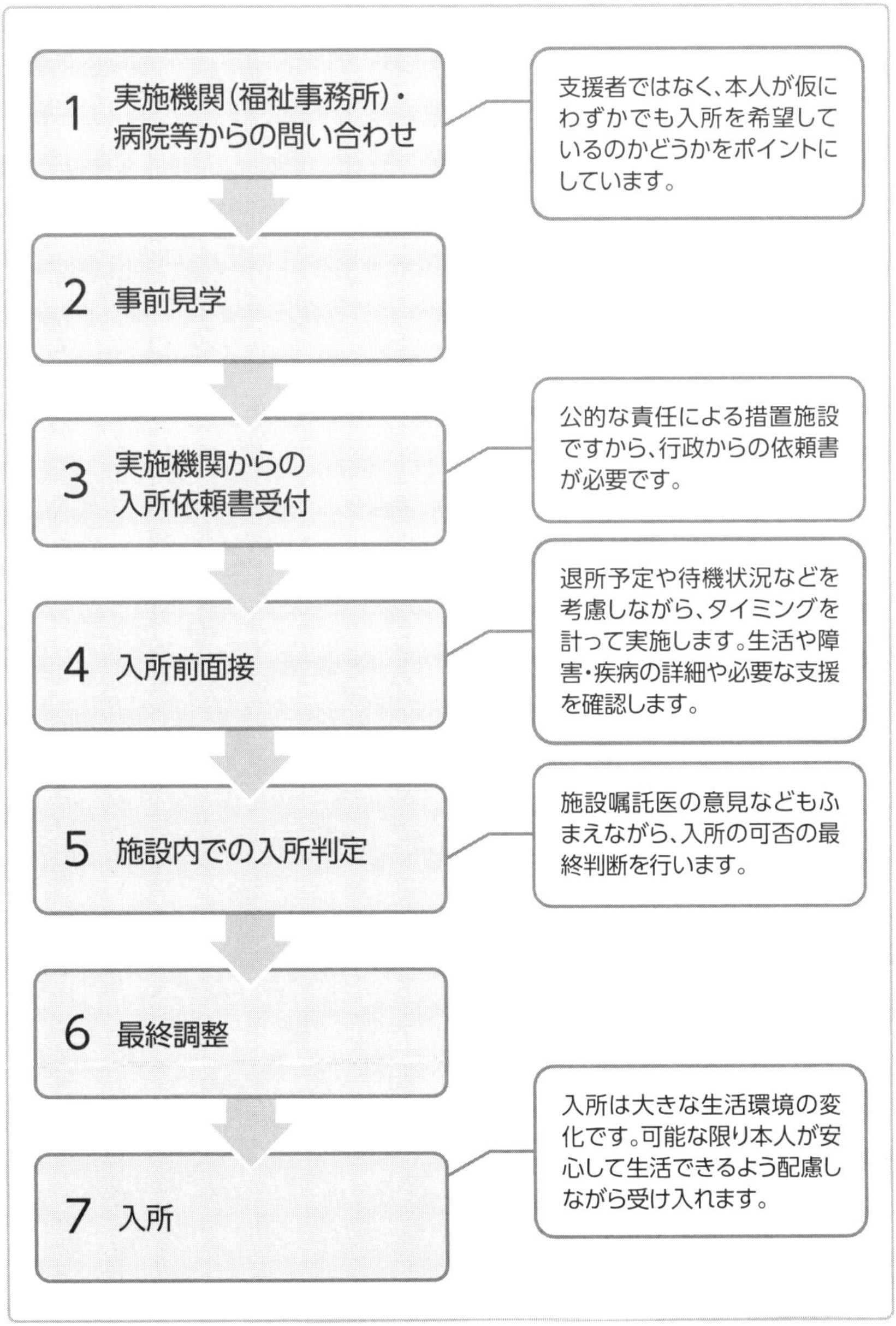
1 実施機関（福祉事務所）・病院等からの問い合わせ
支援者ではなく、本人が仮にわずかでも入所を希望しているのかどうかをポイントにしています。
2 事前見学
3 実施機関からの入所依頼書受付
公的な責任による措置施設ですから、行政からの依頼書が必要です。
4 入所前面接
退所予定や待機状況などを考慮しながら、タイミングを計って実施します。生活や障害・疾病の詳細や必要な支援を確認します。
5 施設内での入所判定
施設嘱託医の意見などもふまえながら、入所の可否の最終判断を行います。
6 最終調整
7 入所
入所は大きな生活環境の変化です。可能な限り本人が安心して生活できるよう配慮しながら受け入れます。

〝最後の受け皿〟として工夫をしていますが、残念ながら限界もあるのが正直なところです。

またさらに、個室ゆえに入所希望が比較的多いことも、救護施設の役割からすれば課題となります。救護施設の利用が必要になる場合には、「現在ホームレス状態で住む場所がない」など、対応の即時性が求められるケースがよくあります。そのときに施設が満室で待機者も多いとなれば、いつ入所できるかわかりません。現状を説明して、ケースによっては一時入所事業の利用をすすめることもありますが、断らざるを得ないこともあります。

実際の例を紹介します。

50代の男性Aさんは、アルコール依存症で精神保健福祉手帳1級を所持し、過去の大腿骨骨折の影響で足がやや不自由な人でした。

団地で息子と二人で生活していましたが、その息子との関係が悪く、息子はAさんの金銭を持ち出して使っているとのこと。Aさん自身も疾病による記憶障害、体調悪化が見られ、これ以上の自宅での生活は困難と判断したケースワーカーから、温心寮に入所の相談・依頼がありました。

すぐに見学を行いましたが、その後温心寮の部屋が空かず、ようやく約半年後、入所に向けての面接に取り組むことになりました。

半年たって再会したAさんは、見学時と比べて明らかに体調が悪化していました。以前は杖を使ってかろうじて自分で買い物をしていたそうですが、もう自宅から外出することがほぼできない状態です。そのため食事などは息子に頼っているとのことでしたが、もともと関係が悪いため満足な食事は与えてもらえず、栄養状態がたいへん悪化していました。面接にも、歩けないため車椅子での来所でした。

息子との関係を考えると、一刻も早く二人を離す支援が必要なことは明らかでした。入所担当者もすぐに入所に向けての調整を行いたいと考えましたが、そこでネックとなったのがAさんの疾病でした。もともとのアルコール依存症の影響で肝臓に障害があり、頸椎のヘルニアもありました。そして血管の閉塞など、数多くの循環器系の疾患があることが面接などでわかってきたのです。

事前に嘱託医から意見を聞いた上で急きょ、入所担当者、フロア支援担当者、看護師、施設管理者による施設内カンファレンスを行いました。

入所担当者は「Aさんの環境面の調整は必要で、息子と離れるために入所の必要性がある」と提起しました。医療面について看護師は「Aさんの疾病を治療しようとすると、毎日のように通院しなければならず、突然倒れるような可能性も高い」と見解を示しました。施設管理者からは「Aさんのその状況を、生活施設で支えることができるのか。生活施設である救護施設入所は本人にとってよい判断なのか、十分考えなければならない」との投げかけがありました。

カンファレンスの結果、「Aさんの場合は生活支援の前に疾病の治療が必要であり、その状態は施設に入所しながらでは困難なほど悪化している」という判断になり、入所を断ることになりました。

Aさんは結局、市内の総合病院に入院して治療を受けることになったとのことです。

こうした入所相談でのやり取りを通じて、通過施設としての救護施設の役割と、一人ひとりに寄り添った支援の両立の難しさについて、考えさせられることが少なからずあるのが現状です。

（秋山昌平、吉本　純）

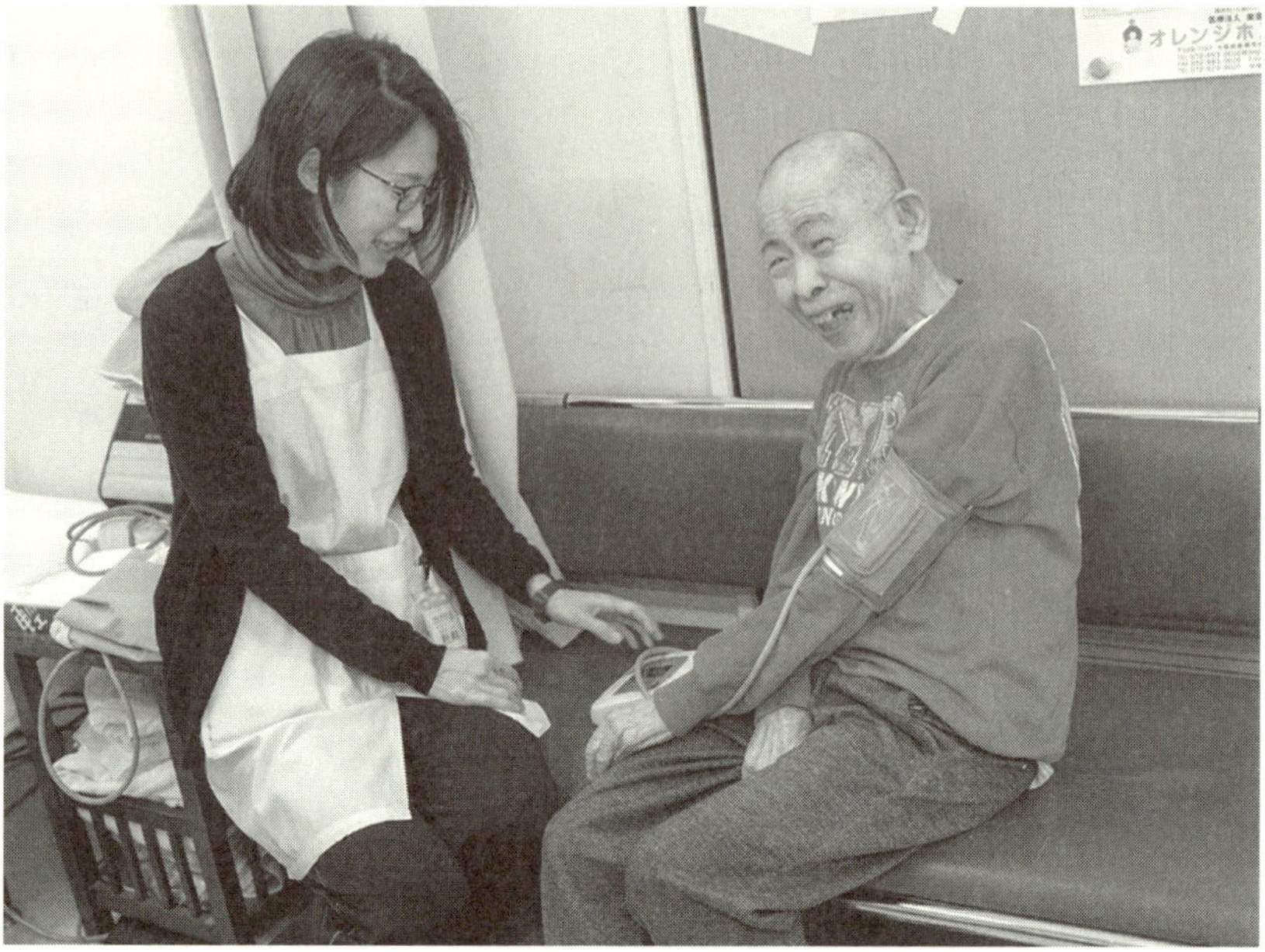

エリアノート

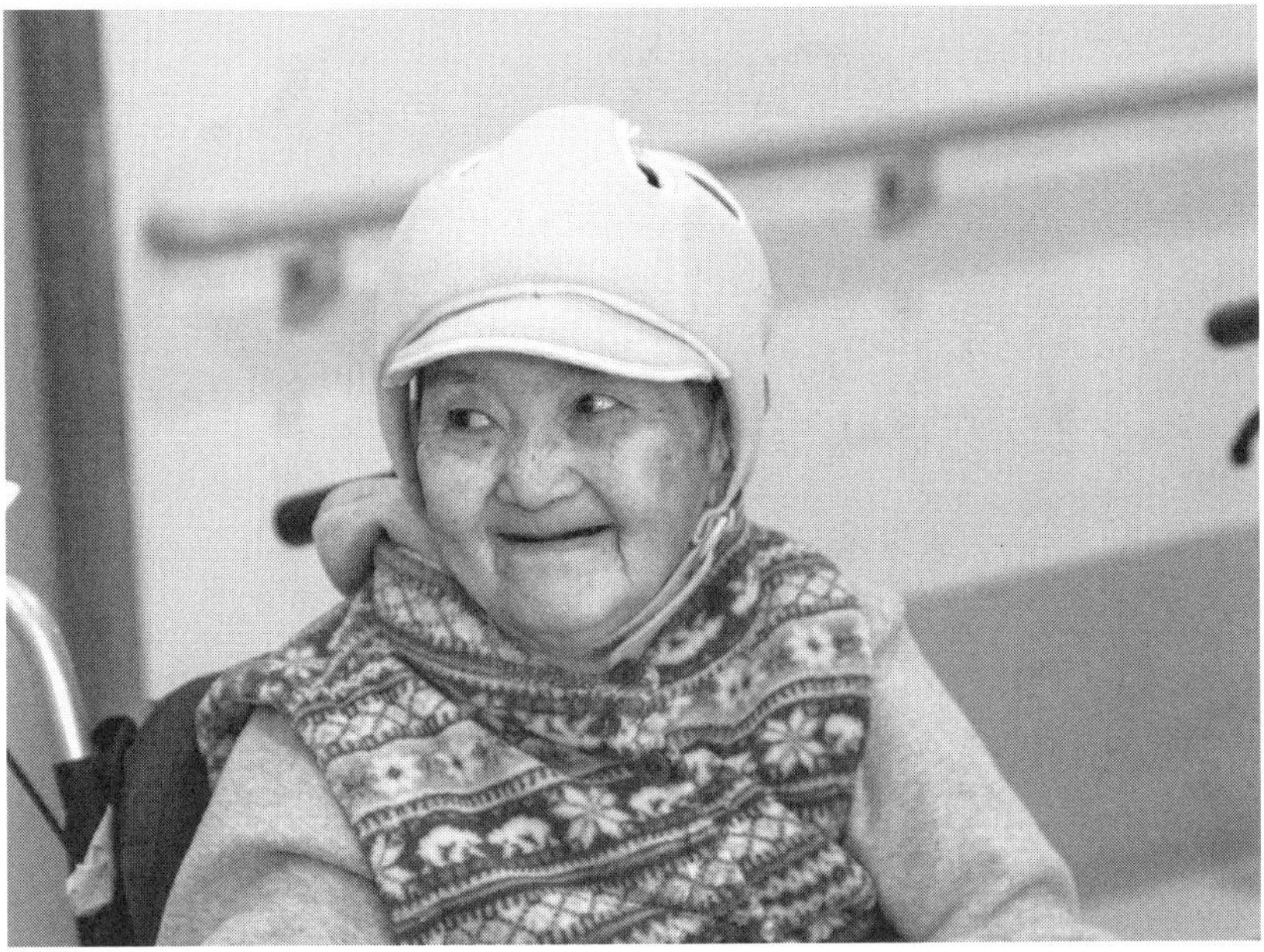

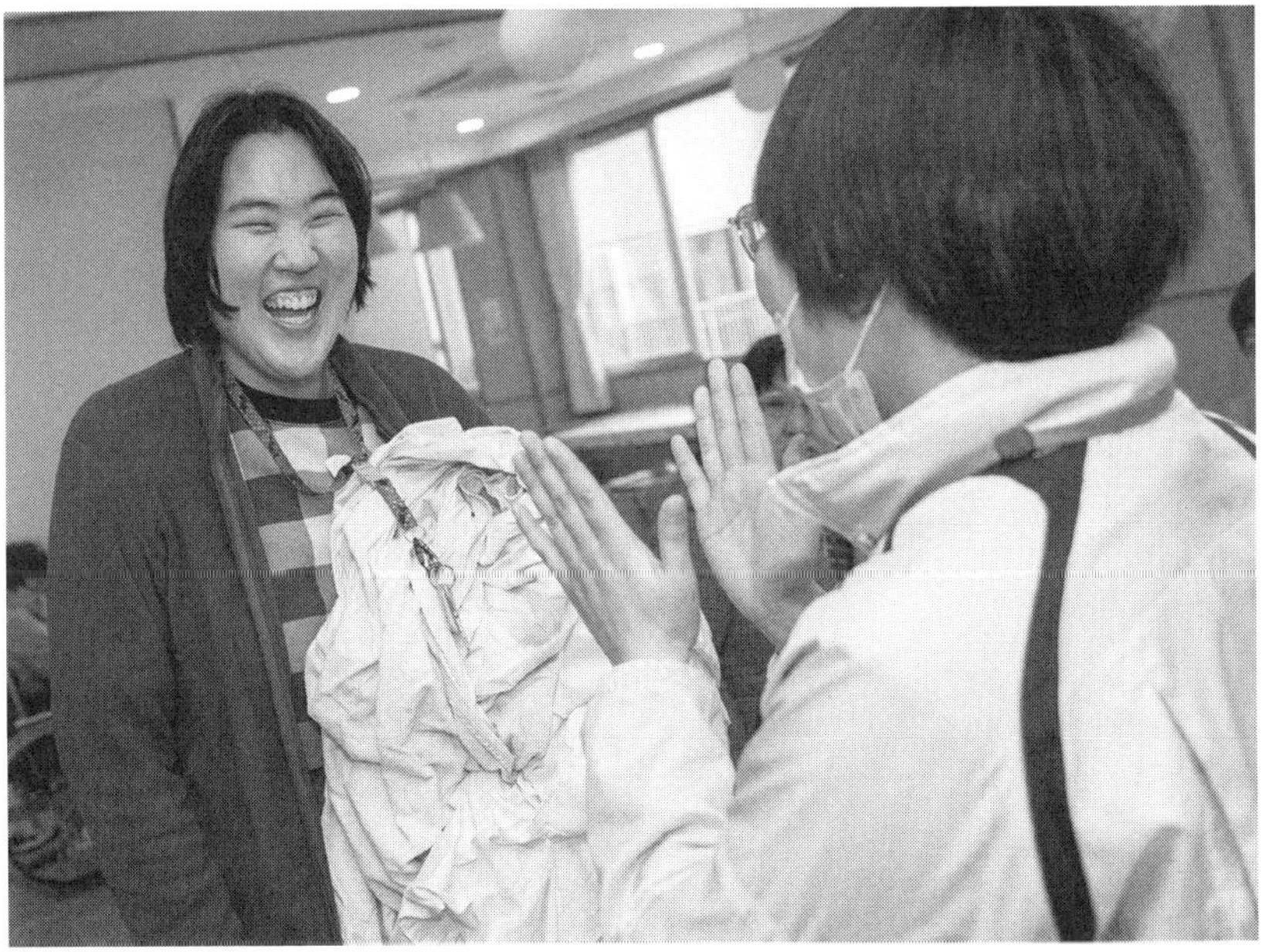

2 これからも温心寮をよろしく
――地域で支える、地域を支えるために

在宅保護を基本とする生活保護制度において、救護施設への入所ニーズは裏を返せば、地域における社会資源の不足や支援体制の未整備ゆえに余儀なくされたもの、ということになるのかもしれません。また温心寮で年間20~30名ほどの新規入所があるということは当然、それだけの退所もあるということになります。ここでは、温心寮の退所と、その後の地域生活支援について考えます。

❶ 退所について

(1)「終の棲家」から「循環型」へ

生活保護法が施行された当時の救護施設に求められていたことは、まずは利用者が「生きる」ための支援でした。いわゆる「衣食住」の保障をいかに実現するかが問われていた時代です。

しかし時代の変化により、人としての最低生活は「衣食住」を保障するだけではなくなりました。それをわかりやすく表現すれば、「ただ生きる」ことから「よりよく生きる」ことへ変わったということです。

これを実際の支援に変換すると、「自己実現」や「地域移行」、さらには「地域福祉」などの観点が求められるようになっているといえます。これらの観点の追求は現在、社会福祉の支援においては当たり前になり

つつあり、救護施設も同様に取り組むことが求められるようになっています。

つまり今日の救護施設の利用は、「入所したら最期まで」「終の棲家」というものではなく、救護施設の全国団体である全国救護施設協議会の表現を使えば、施設を出たり入ったりの「循環型」という考えに変化しています。ただ救護施設は温心寮のように利用者の高齢化や介護の重度化、それらに伴うターミナルケアなどの課題を抱えている面もあります。これも裏を返せば、社会資源が不足しているがゆえの課題といえるでしょう。

近年の障害者福祉の施策はここ15年の間に、支援費制度の導入以降、利用契約の仕組みが入って、障害者自立支援法、障害者総合支援法へと変化してきました。障害者総合支援法では基本理念がより明確に打ち出されています。

それは、住み慣れた場所で可能な限り必要な支援が受けられること、社会参加の機会の確保、どこで誰とどのように暮らすかを選べることなど、障害のある人が保障されるべき権利です。そのほか、障害の有無によって分け隔てられることのない「共生社会」をめざす、という理念も書かれています。

すなわち、障害があっても自己決定し、地域でどのような生活を送るのかが大切にされる「地域の暮らし」の視点が、現在の社会や福祉の支援には求められています。介護の重度化やターミナルケアなどの課題を前にして、「最期まで温心寮で生活したい」という思いも、一つの選択肢であるべきです。

利用者の思いをどこまで受け止めるのか、温心寮でどのような暮らしの支援ができるのかは、その都度、議論になっています。

(2)温心寮の退所状況とその変化の比較

温心寮の退所者の状況を見てみます。救護施設の入所対象は幅広くて簡単には特徴を捉えにくい面がありますが、温心寮の傾向から救護施設の施設退所の実態は垣間見えるかと思います。

２０１３年度から２０１７年度までに、10年前の２００７年度、15年前の２００３年度を加えて退所者数を比較しました（図表２－１）。

２０１７年度はやや多いものの、退所者数は全体として年間20～30名であることがわかります。ここ15年ほど退所者数に大幅な変化はないようです。

退所の理由も比較しました（図表２－２）。

「入院」は、内科など医療的治療が必要なための入院、および精神科病院への入院です。「自立」は一人暮らしなどのことで、福祉事務所などと協議・相談して退所したケースです。「その他」は自主退所などです。

施設変更が多い年度、死亡退所や入院の多い年度など、それぞれに特徴は見られますが、傾向などは一概には捉えにくい数字となっています。


施設変更について掘り下げて比較します。

施設変更先（図表２－３）は、２００３年度や２００７年度は措置施設である養護老人ホームが多数でした。当時の高齢者福祉施策の影響なのか、同じ年に特別養護老人ホームへの施設変更は見られません。

これは利用契約である介護保険制度の影響が出ているものとみられます。実際、要介護認定の問題（救護施設は介護保険上、認定除外施設の位置づけ）や、個室化（ユニットケアの推奨）により高齢者施設に生活保護基準外のものが増えたりして、生活保護利用者の介護保険施設への入所は困難でした。

高齢者福祉分野の措置控え（財政上の問題などにより、自治体が介護保険を優先させ公的な責任による措置を行わない）によって養護老人ホームそのものも数を減らし、現在では逆に、養護老人ホームへの施設変

図表 2-1　過去の退所者数の比較

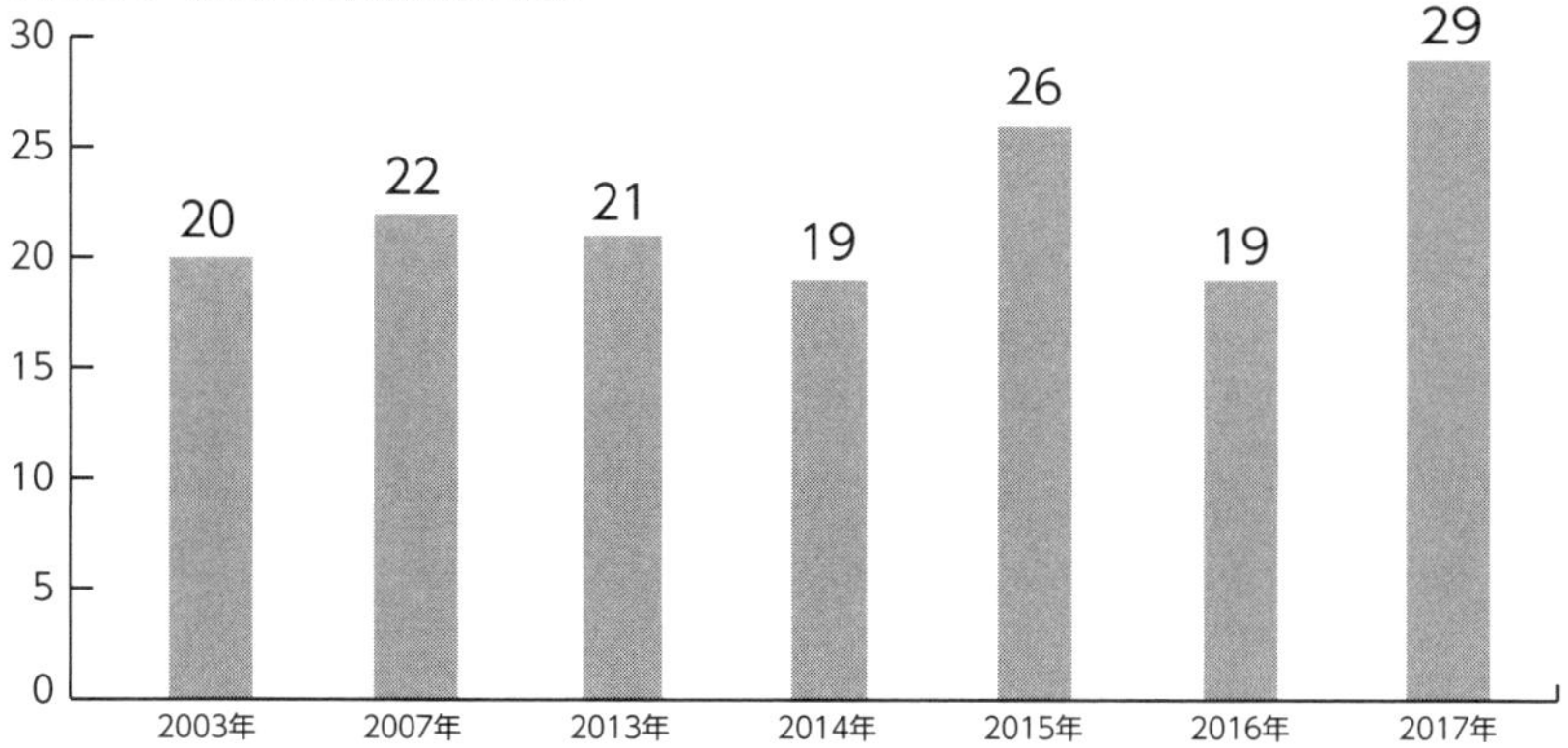

図表2-2　退所理由の内訳（5年間、10年、15年）　（人数）

	施設変更	死亡	自立	入院	その他	計
2003年度	5	3	2	10	0	20
2007年度	5	3	5	8	1	22
2013年度	5	5	3	7	1	21
2014年度	8	4	2	5	0	19
2015年度	5	10	1	8	2	26
2016年度	9	6	0	2	2	19
2017年度	8	6	3	12	0	29

図表2-3　年度別施設変更先　（人数）

	03年度	07年度	13年度	14年度	15年度	16年度	17年度
養護老人ホーム	4	4	1				
特別養護老人ホーム			2	1		2	1
有料老人ホーム			1	1	1	4	4
サービス付高齢者住宅				1	1	2	2
他の救護施設	1		1	2	2		
グループホーム		1		3		1	1
その他					1		
合　計	5	5	5	8	5	9	8

更が難しくなっています。そして、要介護度認定を受けると要介護4や5と判定され、より介助度の高い特別養護老人ホームに施設変更するケースもあります。

近年は有料老人ホームやサービス付高齢者住宅も増えています。温心寮としては、これら介護保険以降の新たな運営形態の施設についての理解や情報の不足もあり、5年ほど前までは少なかったところです。

次に入院先を、内科など医療的治療のための総合病院への入院と精神科病院への入院に分けて比較しました（図表2-4）。

2003年度や2007年度は総合病院への入院の割合が多く、2013年度以降は精神科病院の割合が増えています。

これは、1990年代から増えている精神科病院からの受け入れが影響していると考えられます（長期入院患者の地域移行の受け皿としての役割）。

温心寮は利用者数200名、職員は80名を超える大きな集団であり、一つの共同体（コミュニティ・システム）と捉えることができます。生活面など病院よりも自由で、つまり自らの生活管理が必要です。この温心寮のコミュニティ・システムに合わず、病院を退院して入所したものの、再び精神科病院へ戻る人も少なくないことの表れです。これは、施設の支援対応力を高めていく必要性も示しています
2013～2017年度の在籍期間と退所理由の関係を比較したのが図表2-5です。

「死亡」は在籍「20年以上」が13名で最も多くなっています。古くから入所している人が高齢となり亡くなることは当然かもしれません。11年以上だと計19名と、全体の6割を占めます。

次に多いのが「6～10年（8名）」です。精神科病院から入所は50代、60代の人が多く、その人たちが5年、10年と温心寮で生活を送れば高齢になり、脳卒中や心臓疾患、内部疾患などの発症リスクも高まってきます。

図表 2-4　入院先（総合病院と精神科病院）の割合

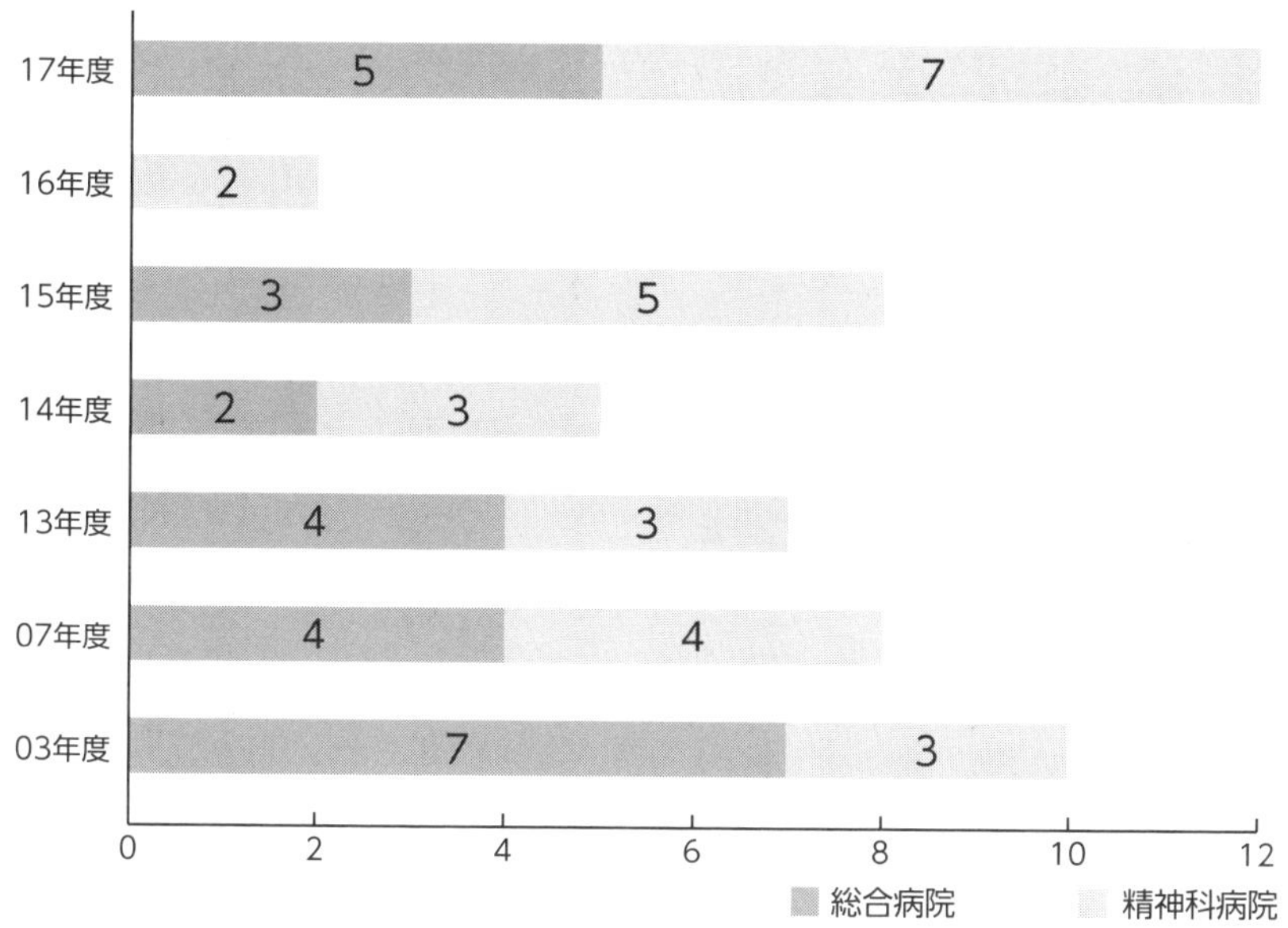

図表 2-5 在籍期間と退所理由（2013～2017 年度）

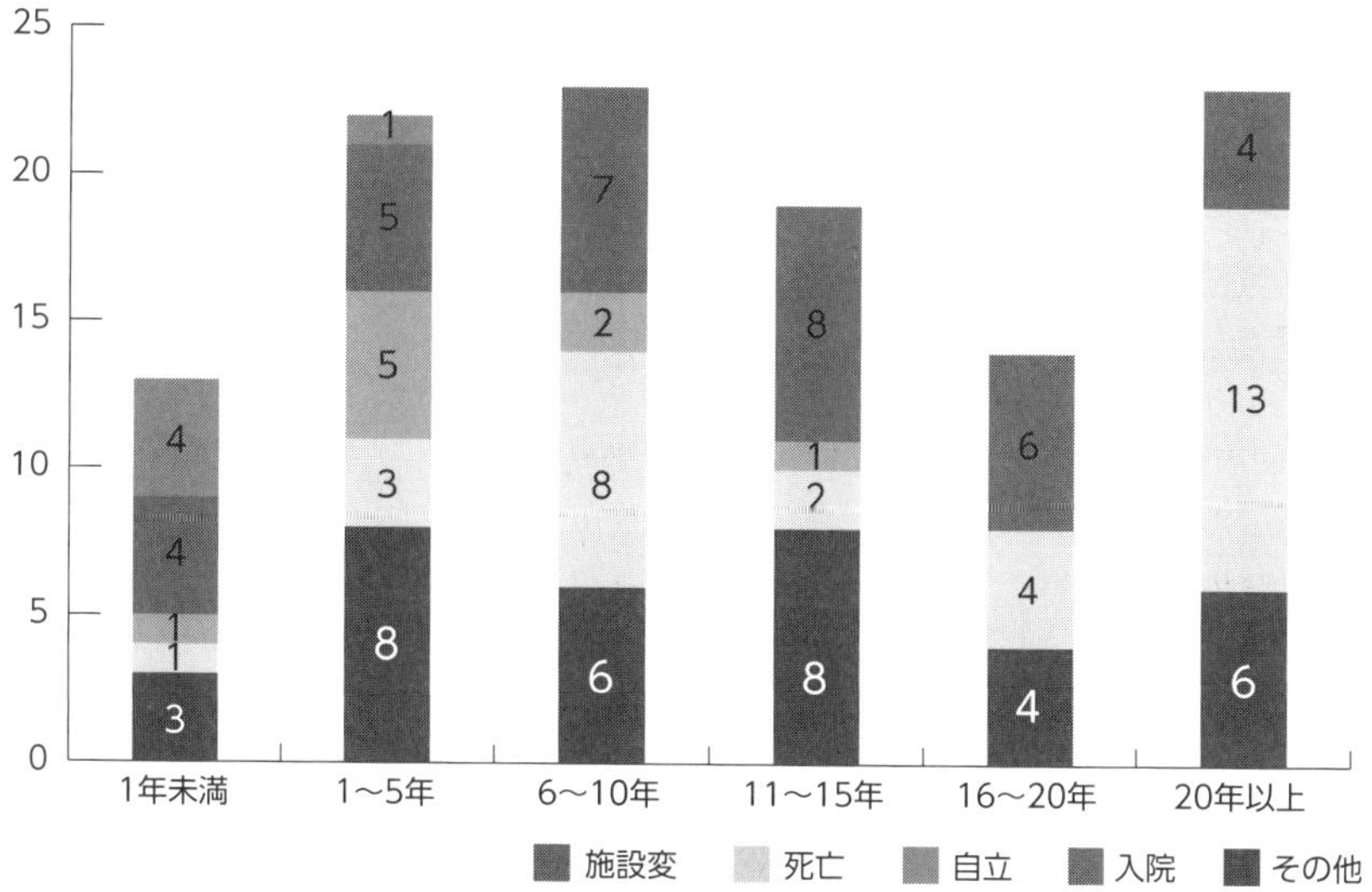

そのことも影響していると考えられます。次いで「16～20年（4名）」と続きます。

一方「自立」はここ5年では、「1～5年」が5名と最も多く、在籍期間が短いほど一人暮らしなどにつながる傾向が見られます。「自立」した人で在籍が一番長い人は14年でした。

❷グループホーム「まいぺーす」の立ち上げ

(1)福祉サービスとして

退所後の生活の場を考えたとき、「一人暮らしは不安」「段階を踏んで一人暮らしをしたい」などの思いを抱く人もいます。それらに応えるためにも、高槻温心寮として茨木市で府営住宅を借り、2005年9月に障害者グループホーム「まいぺーす」（定員5名）を設立しました（図表2-6）。

設立当時は精神保健福祉法に位置づけられたものでした。翌2006年に身体、知的、精神障害の3障害が統一された障害者自立支援法が施行され、根拠法が変わりました。現在はさらに障害者総合支援法に変わり、難病の人も対象になっています。

そして温心寮2番目のグループホームとして2010年、高槻市内に「ジョイナス」を、さらに2015年には茨木市に「ぽえむ」をそれぞれ設立し、グ

図表2-6　まいぺーすについて

年　月	ホームの変遷	制度の変遷
2005年 9月	まいぺーす設立（茨木市）　利用定員5名	精神保健福祉法
2006年 4月		障害者自立支援法へ
2007年 3月	まいぺーす定員1名増　利用定員6名へ	
2010年 5月	ジョイナス設立（高槻市）　利用定員12名へ	
2015年 3月	ぽえむ設立（茨木市）　利用定員17名へ	
2015年 4月		障害者総合支援法へ
2018年 5月	ジョイナス定員1名増員　利用定員18名へ	

ループホームは現在3か所になっています。この3か所を総称して、グループホーム「まいぺーす」としています。

温心寮は措置制度ですが、グループホームは契約制度の福祉サービスです。グループホームには生活保護を受給していない人もいます。制度名（共同生活介護や共同生活援助など）はもちろん、障害福祉の制度の目まぐるしい変化に対応していく必要があります。

まいぺーすは、就労継続支援B型、生活介護、移動支援など、ほかの福祉サービスの利用も可能です。温心寮と異なり、社会資源活用の可能性がさらに広がります。その一方で、支援においては関係する各事業所などと連携していく力が求められます。

利用定員は、この13年ほどの間に18名に増えました。このうち温心寮の退所者は各ホームに2名程度で、地域のなかの一つの社会資源としての役割も果たしながら、当事者からはもちろんその家族、各病院や相談支援事業所、行政などからさまざまな人を受け入れています。

(2)まいぺーすの特徴

温心寮が運営しているため、まいぺーすの利用者も近年の温心寮の入所傾向の影響を受け、精神障害のある人、知的障害のある人が主な対象になっています。重複障害（身体障害と知的障害、精神障害と知的障害など）の人や難病の人なども含まれています。

段差がある、エレベーターがないなどホームの建物上の事情もありますが、身の回りのことが一定、自立した人を対象にしています。障害支援区

グループホームまいぺーす

分は2～3の人がほとんどです。

各ホームの世話人は、午前中の2時間半と夕方の4時間半の間、ホームで勤務しています。午前は健康状態の確認や日中活動先への送り出し、夕方は食事の提供（月～土曜日）が主な仕事です。支援員は、それぞれの状態に応じて受診付き添いや各種手続きの支援、日中活動先との連携などを行うほか、世話人と協力して入居者の生活を支えています。

現時点では、夜間の職員は配置していません。夜間・緊急時などはバックアップの支援施設である温心寮に連絡が入り、対応する仕組みです。その意味でも、一人暮らしは不安ながらちょっとした見守りや支援があれば、施設や病院ではなく地域で生活が送れる、という人が対象といえるでしょう。

各ホームにも特徴があります。茨木市にある2か所は府営住宅を借りているため、ルームシェア形式です（トイレ、浴室、台所などは共同）。高槻市の「ジョイナス」は、ワンルームマンションで一人が一部屋を使用しています。

大まかな傾向として、一人暮らしでは不安・さびしいという人にはルームシェア形式をすすめ、より一人暮らしに近い環境を希望する人にはワンルームマンションをすすめています。

（秋山昌平）

3 居宅生活訓練事業

(1)居宅生活訓練事業とは

居宅生活訓練事業（以下、居宅訓練または訓練）は、「救護施設に入所している被保護者が円滑に居宅生活に移行できるようにするため、施設において居宅生活に向けた生活訓練を行うとともに、訓練用住居（アパート、借家等）を確保し、より居宅生活に近い環境で実体験的に生活訓練を行うことにより、居宅生活への移行を支援することを目的にしています」（全国救護施設協議会「地域生活支援関係事業ガイドブック」第2版）。

つまり、温心寮の利用者が施設を退所し、地域でその人らしい生活を築き、自立した社会生活を送ることができるように、1年の居宅訓練（最大1年の延長が可能）を通じて居宅生活などへの移行を支援する事業です。

ひと口に「地域生活を希望する」といっても、アパートを借りて単身の生活を希望する人、単身の生活は少し不安があるためグループホームへの入居を希望する人など、訓練者の希望はそれぞれ違います。居宅訓練では、訓練者それぞれの地域生活の希望や目標に向けて、訓練をすすめていきます。

(2)居宅訓練の経過

救護施設をめぐる制度として、２００４年に「救護施設居宅生活訓練事業」が創設されました。２００６年に訓練期間などの「運用の一部見直し」が行われ、さらに２０１０年には事業期間を原則6か月から現在の原則1年（最大1年の延長が可能）に変更する「実施要件の緩和」などがありました。

温心寮では、事業が創設される前の２００１年頃からすでに、地域生活にむけた居宅訓練に似た取り組みを行ってきました。「居宅生活訓練事業」として正式に始めたのは２００５年度です。

それから２０１８年3月末までに居宅訓練を受けた人は55名です。このうち、地域で単身生活を送っている人やグループホームに入居などした人は34名です。現在も3名が訓練を受けています。

居宅訓練を受けたからといって、すべての人が自分の夢見る地域生活を送れるわけではありません。居宅訓練中に精神的にしんどくなってしまったり、内部疾患が見つかって入院治療が必要となったりするなど、それぞれの理由によって訓練を中止せざるを得なかった人も、事業開始から18名ありました。

(3)訓練用住居について

居宅訓練ルームは2か所あります。

一つは「パンジー」で、温心寮の隣の福祉施設の元職員宿舎を利用した古い建物です。居宅訓練は、たいていパンジーから始めます。

施設生活では、利用者や職員など常に誰かが近くにいます。困ったときなどはすぐに誰かに相談できます。一方、居宅訓練は、朝自分で起きて、自分で日中活動先へ行き、帰って来たときも寝るときも一人です。

パンジーでの訓練の最初の目標は、他者から離れた場所で、一人で寝泊まりできることです。病院や施設、家庭など、これまでよくも悪くも常に誰かが近くにいる環境で生活してきた人がほとんどです。そのため、初めは不安に思う人も多いようです。

パンジーで生活しながら、地域に出た際の日課づくりをいっしょに考えたり、自炊ができるように調理実習をしたりしながら、居宅訓練を進めていきます。訓練者にもよりますが、半年ほどで二つ目の訓練ルームに移ります。

二つ目は「コスモス」で、温心寮から徒歩15分ほどの場所にある2LDKのマンションの一室です。私営のマンションですから隣近所は一般家庭です。

コスモスでは、パンジーでの生活からさらに一般の生活に近くなります。温心寮から離れている分、何かあってもすぐに職員が駆けつけるのは難しくなります。パンジーでの生活で、ある程度落ち着いてきたと自分で自信がもてるようになってきたら、コスモスに移行します。

コスモスでは、それまでパンジーでしてきた訓練を継続します。ただし、食事も少しずつ自分で調理したり、惣菜などを買ってきたりして用意するほか、自分の部屋以外に風呂場、トイレなどの掃除も定期的に行わないといけません。また、隣近所など地域との関わりも出てきます。

そうした生活を続けていくなかで、訓練者自身が地域生活のイメージをもちやすくなっていきます。

(4)訓練の内容について

居宅訓練の内容は、一人ひとりに合わせた食事の用意や金銭管理など多様ですが、一部を紹介します（図表2-7）。

すべてが100点になる必要はないと考え、訓練を通して「できること」「できないこ

図表2-7　居宅訓練の内容（一部）

●金銭管理（食費、小遣いなど）
- 毎月の本人支給金の小遣いをわたした分の出納帳の記入、計画的な管理
- 小遣いとは別に食費としてわたす1日3食1000円（朝食200円、昼食400円、夕食400円）の食事代分の食費帳の記入、計画的な管理
- 温心寮を退所したときに実際に支給される生活費（生活保護費）など、総務部の職員による生活保護に関する勉強会

●食事の用意（自炊、惣菜の購入など）
- 給食部の栄養士による栄養に関する勉強会
- 居宅訓練担当職員といっしょに調理実習
- 毎食の食材の購入や調理、あと片付け

●部屋の環境整備
- 部屋だけでなく、トイレや浴室などの掃除
- ゴミ出し（リサイクルごみ、粗大ごみなどのごみの分別）

●医療機関への通院
- 一般、精神科病院などの定期受診を単独で受診する（受診時に、自分の心身の状況を主治医に伝える）
- 受診した後の報告
- 福祉事務所へ連絡して、医療券の請求をする

●内服薬の自己管理
- 薬カレンダーを使用して1週間単位での定期薬の自己管理
- 頓服薬の自己管理、服用する際の自己判断
- 残薬の管理

●日課づくり（作業所、デイケアなど）
- 作業所へ参加する
- デイケアへ参加する
- AA（アルコホーリクス・アノニマス）などの自助グループへ参加する
- 地域のコミュニティセンターの喫茶のボランティア

と」「得意なこと」「苦手なこと」などを明確にしていきます。

「できないこと」に対しては、居宅訓練をしている間に「できること」になるのかを見極めます。そして、できないからといって訓練が中止になることはありません。「できないこと」は課題として、地域生活を送る際に、その課題に対応する福祉サービスなどの資源の活用を考えていきます。

居宅訓練を進める上で、温心寮の医務部や給食部などの他部署、医療機関の主治医やケースワーカー、デイケア、福祉事務所のケースワーカー、地域移行後の相談支援や就労支援などの事業所など、さまざまな機関と連携しネットワークづくりをしながら、訓練者の地域生活をサポートしていきます。


（佐々木大輔）

❹ 保護施設通所事業

(1)保護施設通所事業とは

居宅生活訓練などを経て退所後の生活が始まります。一人暮らしやグループホーム、生活の形はさまざまです。その生活のフォローとして「保護施設通所事業」があります。

これは、生活保護法上の救護施設や更生施設などが実施できる事業です。介護保険制度や障害福祉サービスとは異なり、この事業の利用が必要かどうかは、福祉事務所が判断します。

年度ごとに、対象者の選定報告書を福祉事務所に提出します。原則として、温心寮から出て地域生活を始めた人が対象です。しかし一定の割合であれば、これまで施設とつながりのなかった人も利用できる仕組みになっています。

大まかな支援内容は「通所・訓練」と「訪問・相談」です。

「通所・訓練」は、温心寮が施設の利用者を対象に実施している作業・訓練などへの参加が中心ですが、医療や栄養の相談、服薬支援、金銭管理、調理実習などの日々の生活支援も行います。そのほかハローワーク同行など、就労に向けた支援や社会資源活用のための情報提供にも応じます。

「訪問・相談」では、月に2～4回訪問して、生活などの相談や行政機関への手続き支援などを行います。また生活状況や健康状態を把握し、衛生面や食事面の助言、必要に応じて清掃や調理などの支援も行っています。受診の付き添いや就労先への訪問なども支援に含まれています。

これらの実際の幅広い支援は、担当職員だけでは支え切れない面もあります。そのような場合、他法・他施策を利用することを検討し、介護保険制度、障害者総合支援法などのさまざまな社会資源に結びつけることになります。たとえば、常に居室清掃などの支援が必要な場合に、訪問介護の利用を提案するなど、これらの関係機関・事業所と連携し、その人の生活を支えています。

温心寮は2003年にこの事業を開始しました。これまでに、のべ81名の選定を行いました。2018年3月末の利用者数は20名（訪問7名、通所13名）です。

(2)通所事業のケース紹介

この事業で高槻温心寮に通ってくる何人かを、その人の地域生活を支える上で温心寮やその他事業所や関係機関が、それぞれの役割をどう担ったり補ったりしているかの関係がわかりやすい、エコマップという図表を示しながら紹介します。

■エコマップの表記について

［家族の表記］□印：男性　○印：女性　×印：死亡者

［環境との結合の表記］

━━ 実勢の太いものほど重要もしくは強い結合

…… 希薄な結合

┿┿┿ ストレスのあるもしくは葛藤のある関係

→ 資源・エネルギー／関心のフロー

【ケース①】

元利用者で、アルコール依存症の50代の男性です。温心寮入所前は単身生活をしていましたが、飲酒により入退院を繰り返していました。

温心寮入所後、居宅生活訓練を受けました。訓練中にＡＡ（アルコホーリクス・アノニマス）へ通うことをすすめ、通うようになりました。退所後は、職員のほうが「すぐに再飲酒するのでは？」と不安でしたが、断酒は長年続いていて、いまも見守っています。

日課としては、温心寮の作業に毎日（月〜金）通所して、作業の中心的な役割を担っています。また、ＡＡにも積極的に参加し、忙しい生活を送っています。通所の利用者同士の

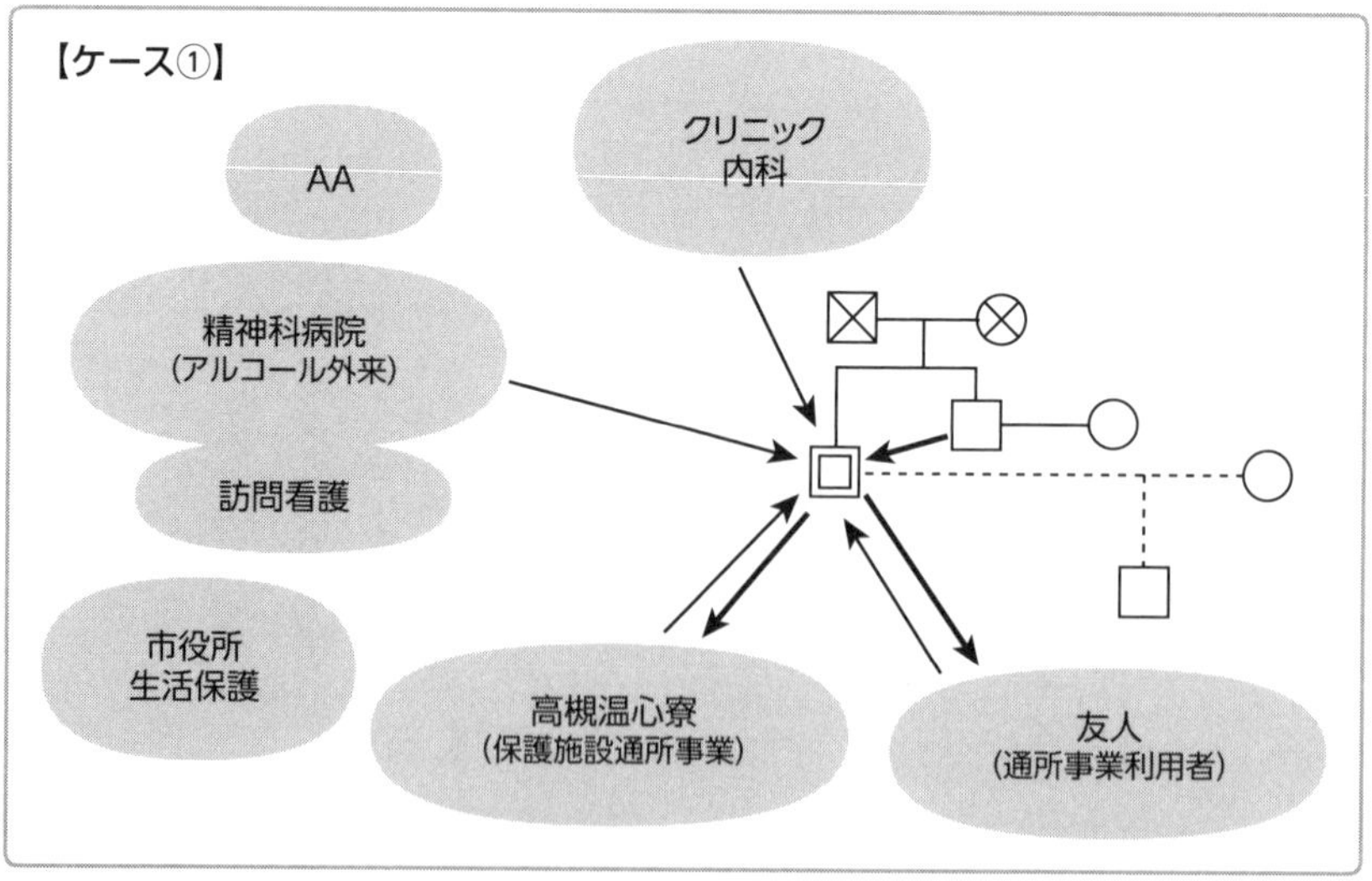

つながりもでき、休日はいっしょに出かけることもあります。担当職員は、月2回訪問をして、医療面や金銭面、生活上の困りごとなどの相談にのっています。

【ケース②】

元利用者で、DV被害で温心寮に入所しました。障害などは特にありません。

しばらく施設生活を送っていましたが、もう一度一人で生活をしてみたい、自分で家事や身の回りのこともしてみたい、働いてもみたいという思いが湧いたようです。その思いを受け、70歳間近で居宅生活訓練を受けることになりました。

訓練中に、地域包括支援センターが関わって要介護認定を受け、要支援1が出ました。しかし退所後は、身の回りのことは自分でしたいという思いが強く、福祉用具などを除いて現在、介護保険制度のサービス自体は利用していません。

大きなお風呂に入りたいという希望に、地域包括支援センターから老人福祉センターの入浴を紹介され、通所事業の利用者といっしょに通っています。こうして、何かと不安のあるなか、「その人らしく」生活しています。

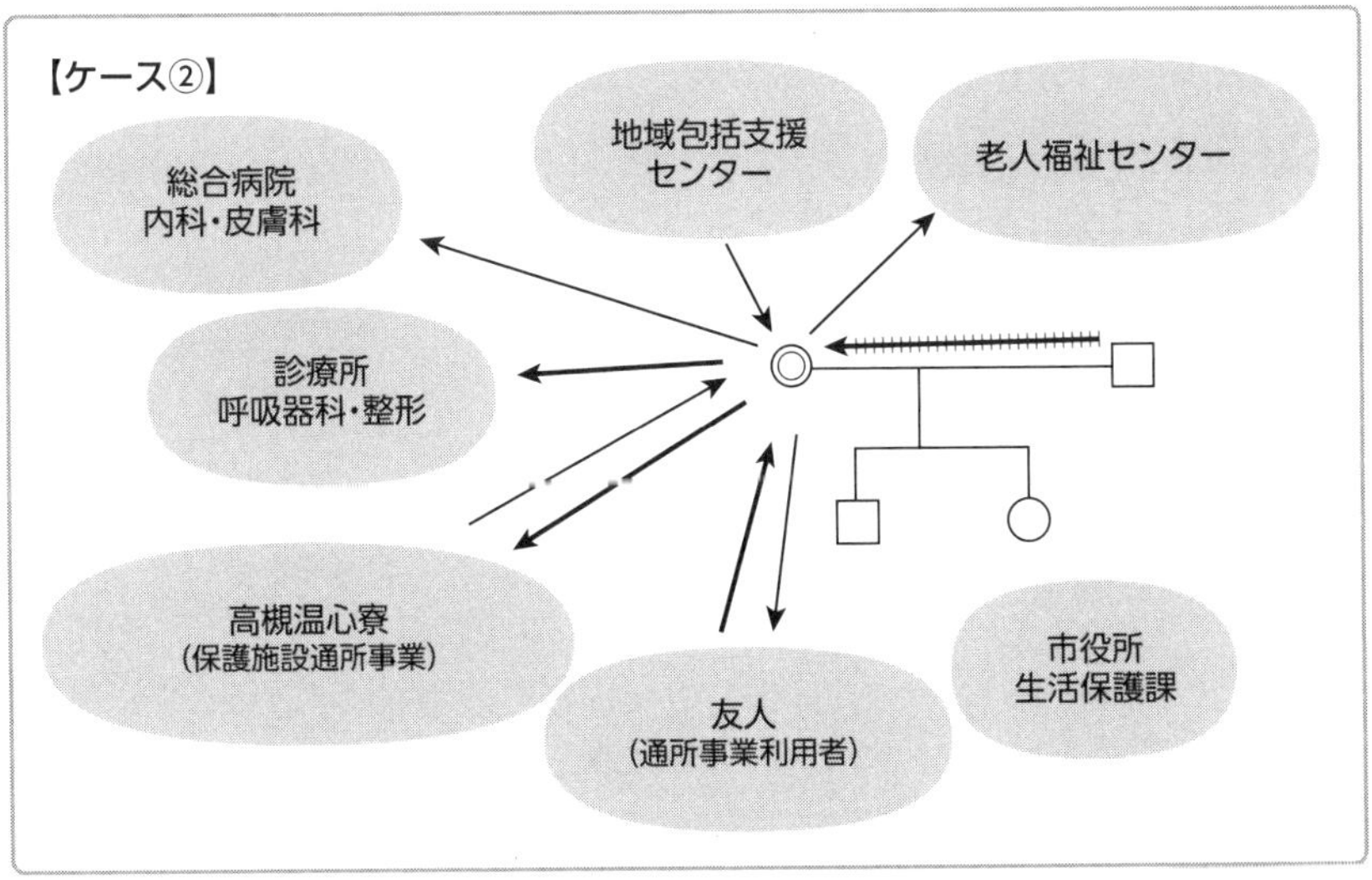

温心寮としては、金銭管理の支援や各種手続き、医療面や生活面で相談にのり、不安の軽減を図っています。

【ケース③】

地域から利用した、統合失調症の20代の女性です。ホテルの住み込み従業員や配送の仕事をして、多忙な毎日を過ごしていました。

発症後は幻覚・妄想が強く、いったん入院後、温心寮への入所が検討されましたが、まだ若いこともあり、一人暮らしや就労への思いも強く、退院後はアパートを確保しました。温心寮への通所と作業参加については、内職作業が合わない、一部の利用者とも合わない、悪口が聞こえるなどの理由で、消極的です。

しかし就労への思いは強く、採用はされなくても自分で仕事を探したり、障害福祉サービスの就労系事業所をいくつもいっしょに見学・体験したりしました。相談支援専門員の利用も提案していますが、「これ以上関わる人が増えるのは嫌」と拒否しているため、医療面、金銭面なども含めて温心寮が相談窓口になっています。

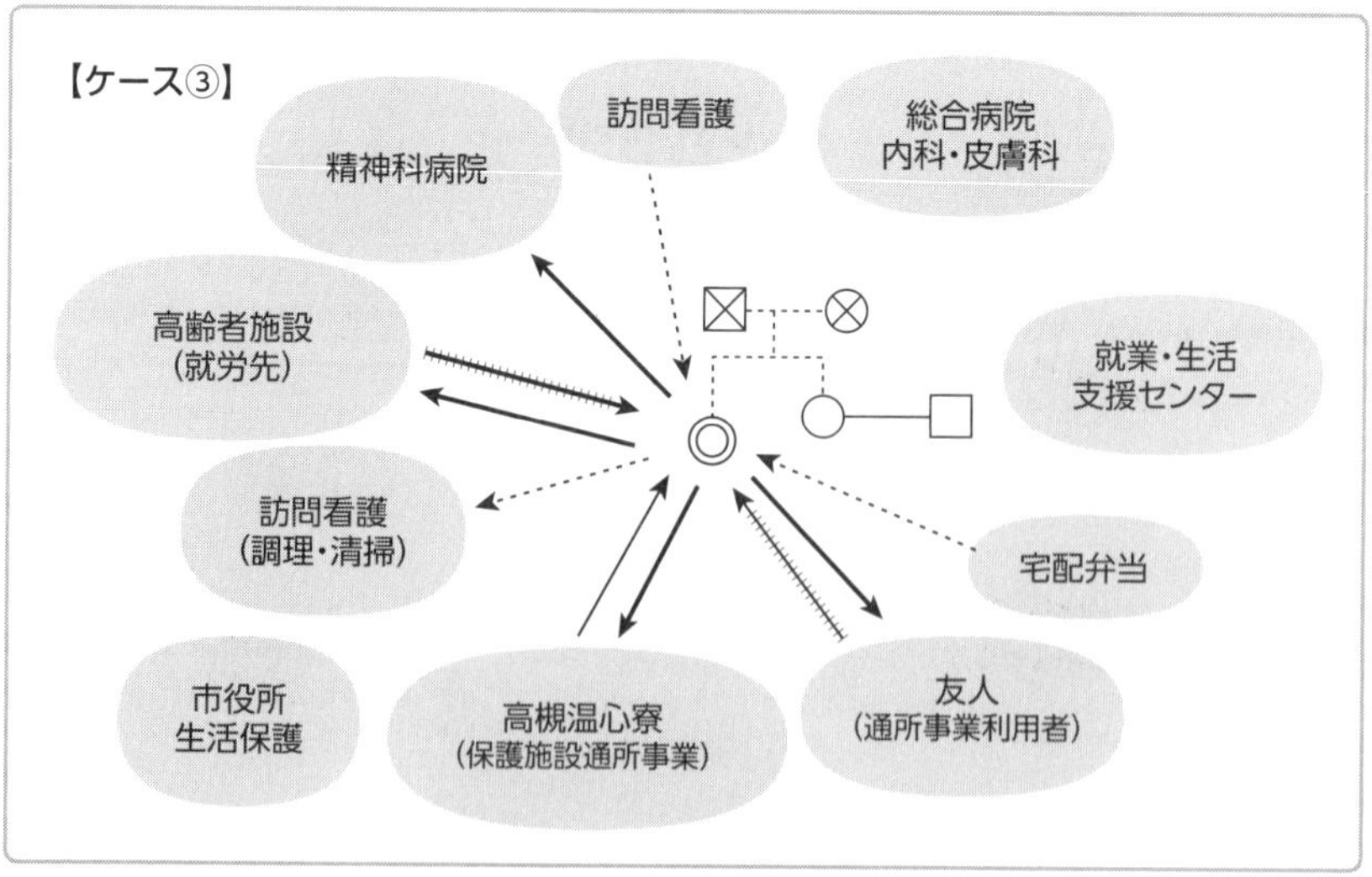

精神科病院への入退院も何度かありました。また、リウマチ系の病気も見つかり、治療もしています。就労したい半面、自信もなくしていき、病状も悪化と改善をくり返したため、休養目的の入院をすすめたこともありましたが、これも拒否しています。

このような状況のなか、現在は、高齢者施設での就労が決まり、関係機関とともに見守り続けています。


当然どのケースも個別的で、一人ひとり支援内容は異なります。また、介護保険制度などの訪問介護とは異なり、訪問の内容や時間など柔軟な対応が可能なため、温心寮もできるだけそれぞれの生活に沿うようにしています。通所も一定の取り決めはありますが、介護保険の通所介護、精神科デイケア、障害福祉サービスの就労系事業所などとは異なります。就労関係の相談に応じることもあるほか、単に日中の居場所として通う人もいます。


制度は緩やかですが、もちろん各ケースについて支援方針を立て、福祉事務所への報告を毎月行っています。社会・地域での生活で「孤立をさせてはいけない」ということが、一つのポイントになるのかもしれません。

金銭管理への支援については、成年後見制度や日常生活自立支援事業の利用などが思い浮かびそうです。しかし、これらの制度も万能とはいえないのかもしれません。

たとえば、現状の生活がある程度落ち着いている人だと、本人が成年後見制度の申し立てや日常生活自立支援事業の契約を拒否すれば、利用は難しくなります。家族・親族の支援もなければ、なおのことです。そして何よりも、それらの資源を活用することが、その人にとって最善の利益なのかどうか、さまざまな権利を奪ってしまうことにつながらないかなど、利用にあたっては慎重に検討する必要があると考えられます。

そもそも社会資源が不足している、社会資源に結びついていないなど、地域生活を送ることが困難な状況・

環境におかれ、救護施設である温心寮の入所に至った経緯があります。その人の退所後の地域生活をフォローする仕組みとして、保護施設通所事業は、制度・資源の不足部分を補う機能・役割を担っている面があるといえます。

（秋山昌平）

5 一時入所について

(1) 一時入所とは

高槻温心寮では2011年から一時入所を実施しています。

そもそも救護施設の役割には、緊急的な保護・措置による入所の受け入れも含まれているはずです。しかし実際にこの制度ができるまで、すぐにでも入りたい人たちに即入所の対応をした例は、温心寮ではほぼなかったといえます。

一時入所は、原則7日を限度とし、実施機関が認めるときは最長1か月までという期間が決まっています。一時的とはいえ措置施設である救護施設に入

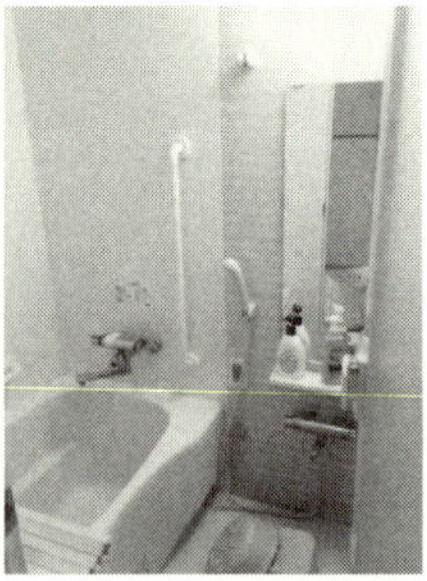

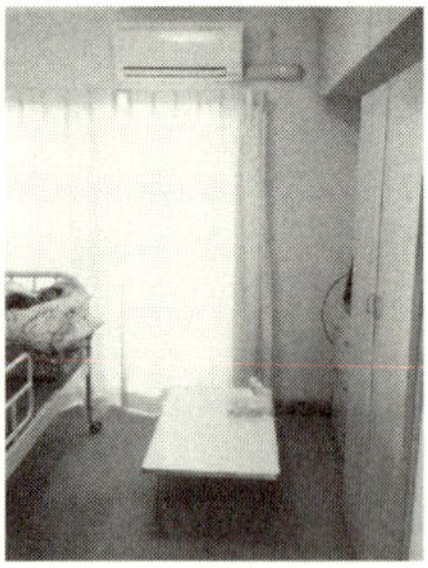

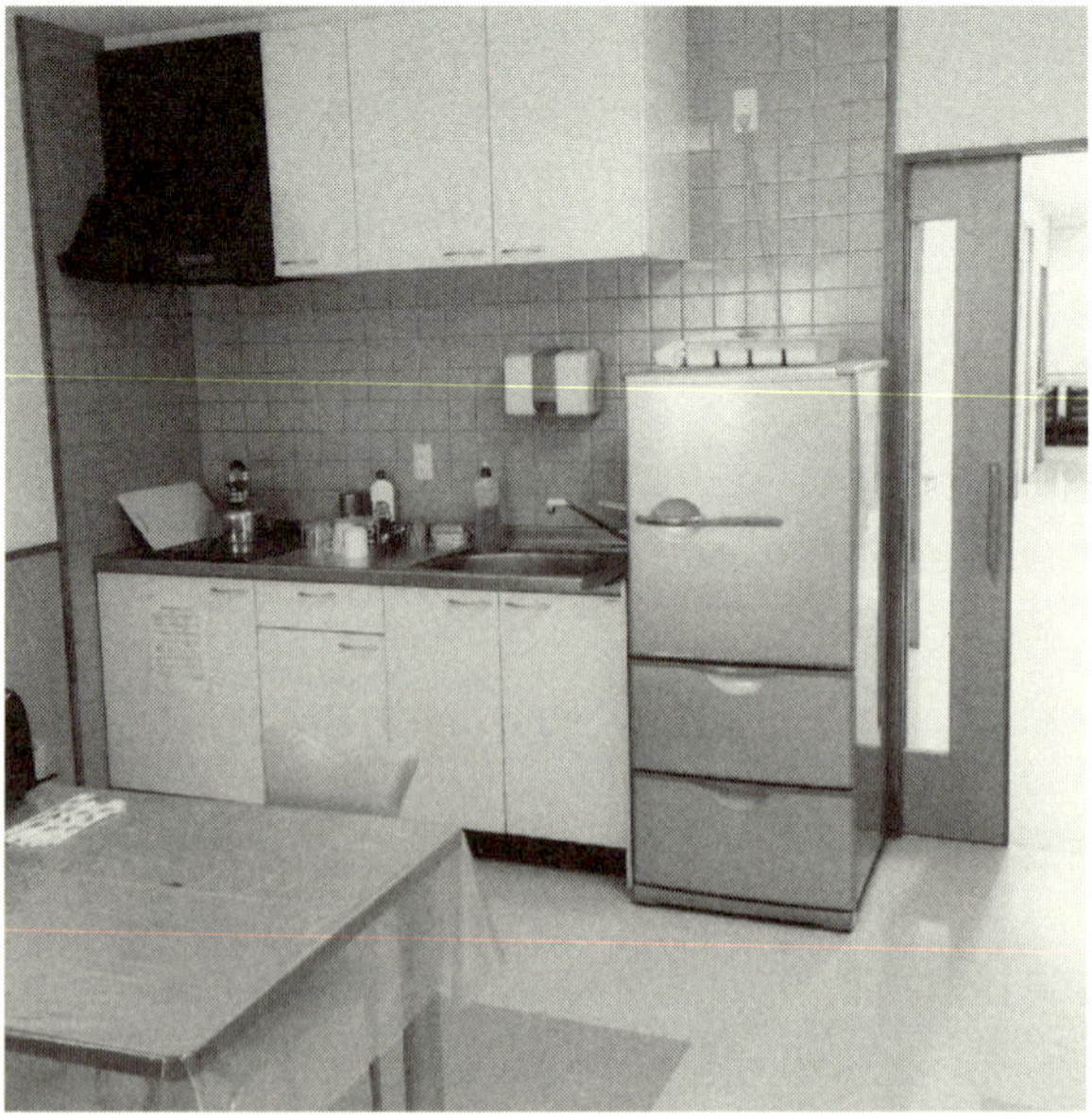

一時入所者の部屋

るので、利用は福祉事務所の判断であるのは同じです。

当初は、利用を登録制にした精神科病院の入院前や退院後の、生活安定に向けた一時的な施設利用や、障害がある人などの休息的な利用を想定していました。実際、温心寮を退所した人や地域で生活している人の休息目的の利用もあります。

しかしこの7年間、その想定とは異なる利用が顕著です。たとえば、虐待・DVのケース、ホームレス（ネットカフェ生活、車中泊なども含む）、寮など住み込みの職場からの解雇、家賃滞納などによる強制退去、近隣トラブル、刑余者など、事情はさまざまです。

一時入所の部屋は、施設本体とは出入り口が別の施設1階部分にあります。定員は4名で同じく個室です。家庭用風呂場、洗濯場、自炊もできる台所・食堂が整備されていることで、一時的でも「大きな施設に入って世話になっている」という感じにならないところも利点です（写真）。

⑵一時入所の傾向と分析

この7年間で１０９件の一時入所を受け入れました。利用の男女比は、男性54％、女性46％です。年齢は親子で利用の場合もあり、20歳未満の子どもから80歳代までで、40歳～60歳代が計66％と多くを占めています（図表2－8）。

利用日数についてはこの時点で統計をとっていませんが、住まい

図表 2-8　一時入所者の年齢別割合

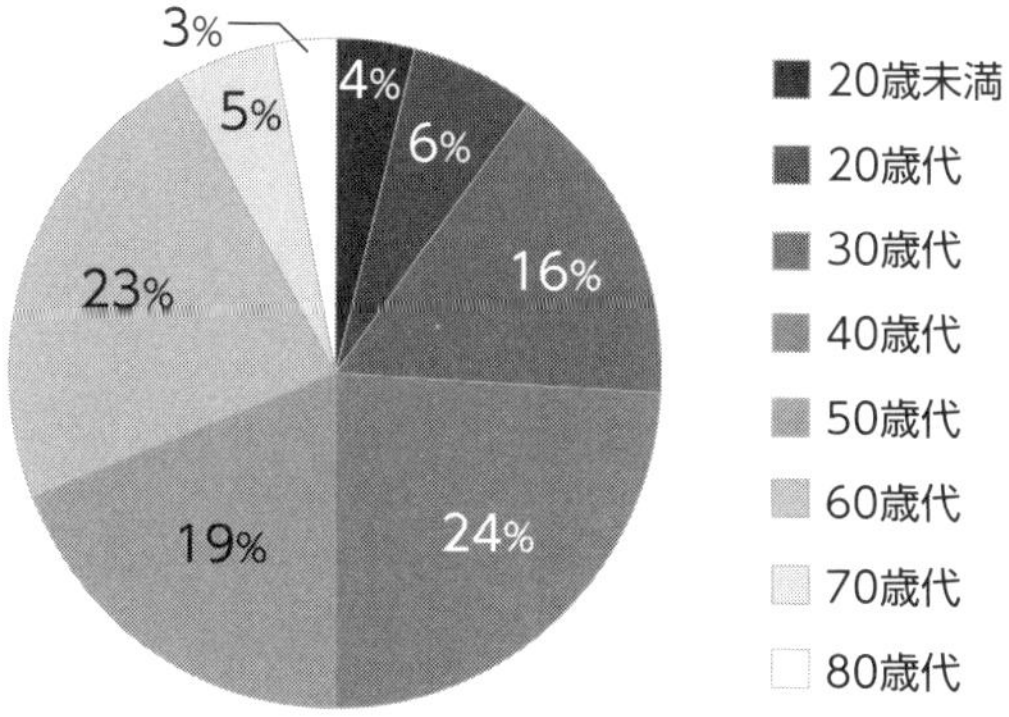

を失うなどの生活困難から次の居所を定めるまでの間、制度の上限ぎりぎりまでほぼ1か月の利用が多い印象です。

①年度ごとの利用件数と利用理由の変化(図表2−9)

利用理由を、「虐待・DV」「住居喪失」「出所後」「休息・生活の立直し」「その他」の5つに分類しました。

「虐待・DV」は、行政の虐待対応窓口など生活保護課以外の紹介による利用が多いのが特徴です。

「住居喪失」の事情はさまざまで、離職によるものや近隣トラブル、強制退去、ホームレス状態(野宿、ネットカフェでの生活、車中泊など)などを含みます。

「出所後」とは、刑余者の受け入れのことです。

「休息・生活の立直し」は、多くはすでに支援に介入している(または過去に支援していた)ケースです。入院ではなく休息をしたい、退院後すぐ一人暮らしに戻るのが不安、ライフラインが止まってしまった、家賃滞納で退去を迫られたなど、一時的な施設利用で生活・状態の立直しを図ることが目的です。

「その他」は体験での利用や体調不良で見守りが必要なケースなどです。

図表2-9　利用件数・理由(年度ごと)

	延人数							
利用理由	2011年度	2012年度	2013年度	2014年度	2015年度	2016年度	2017年度	合計
虐待・DV		2	2	3	4	3	5	19
住居喪失	2	2	4	4	7	7	18	44
出所後			1		4	2	3	5
休息・生活の立直し	3	5	6	5	3	3	3	28
その他	4				4			8
合計	9	9	13	12	22	15	29	109

②障害等の割合（図表2−10）

障害等の割合は、精神障害では統合失調症（13%）、うつ病（10%）、てんかん（10%）、アルコールや薬物の依存症（2%）、「他の精神障がい（23%）」の内訳は認知症、不安症、初老期精神病、強迫性障害、パニック障害、社会不安障害などで、これらで58%を占めています。ほかには知的障害（18%）・身体障害（4%）でした。それぞれ個別的であることがわかります。

障害や病気などがない人は20%で、表にはありませんが2012年（1件）、2013年（1件）、2014年（3件）、2015年（5件）、2017年（18件）の計28件でした。

③年度ごとの退所先について（図表2−11）

利用後の行き先は、「自宅」「新居」「温心寮」「他施設等」「病院」「そ

図表 2-10　一時入所者の障害等の割合

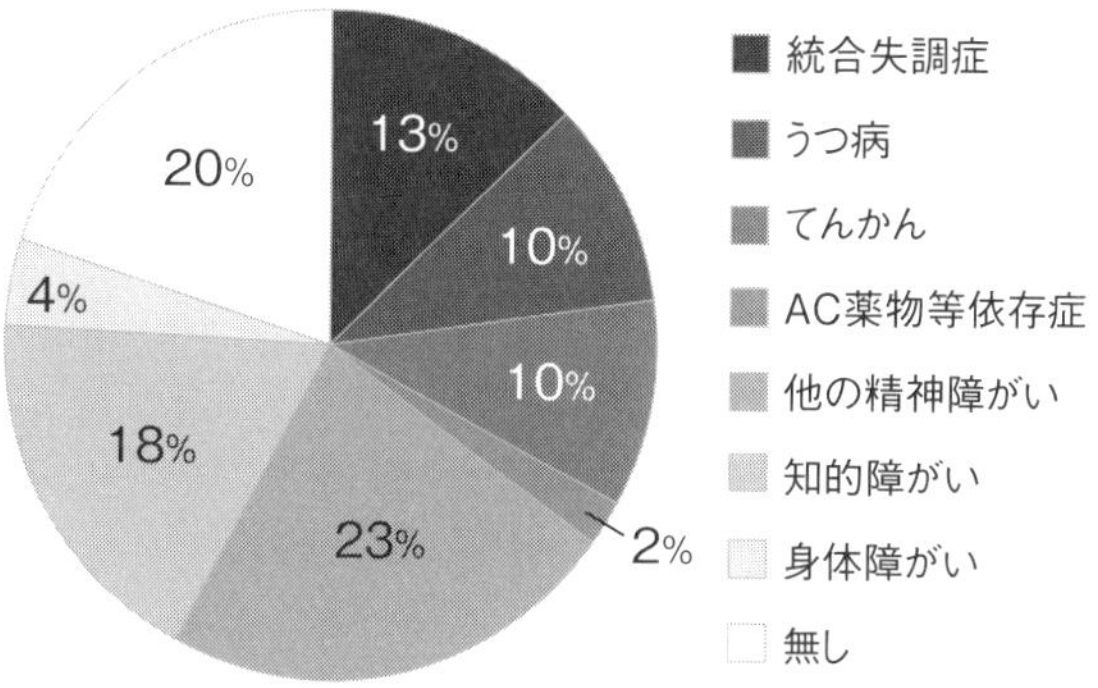

図表2-11　退所先（年度ごと）

	延人数							
退所先	2011年度	2012年度	2013年度	2014年度	2015年度	2016年度	2017年度	合計
自宅	2	4	7	7	5	1	3	29
新居	1	1	5	4	5	6	18	40
温心寮入所			1		2	1	3	7
他、施設等	2	3		1	4	2	2	14
病院	3				1	1		5
その他	1	1			5	4	3	14
合計	9	9	13	12	22	15	29	109

の他」に分類しています。「他施設」とは、グループホームやサービス付高齢者住宅、ほかの救護施設などです。「その他」には、親族宅、帰郷、失踪などが含まれています。

図表2-9とのクロス集計表ではありませんが、利用理由ごとに紹介します。

「虐待・DV」のケースでは、自宅に帰るケース、そのまま温心寮に入所するケースもありますが、多くは他施設に移っています。

「住居喪失」や「出所後」のケースでは当然、住む場所を探さなければならず、新居へ移る人が多くなります。出所後の人の場合、再犯で収監されるケースもあります。施設の受け入れ体制や社会の支援などの課題・資源不足などが見えてくる事例です。

「休息・生活の立直し」のケースでは、自宅に帰る人が多数です。

（秋山昌平）

❻ 生活困窮者支援について

(1) 救護施設と生活困窮者支援

2015年4月、生活困窮者自立支援法が施行されました。この制度は、原則として生活保護申請に至る前に支援を行い（いわゆる第2のセーフティネットとして）、生活などの立て直しを図るものです。

救護施設の全国団体である全国救護施設協議会は、この制度の制定に先がけて2013年4月に「救護施設が取り組む生活困窮者支援の行動指針（以下、行動指針）」を打ち出しました。全国救護施設協議会が示している、その策定の意味と目的を要約すると次のようになります。

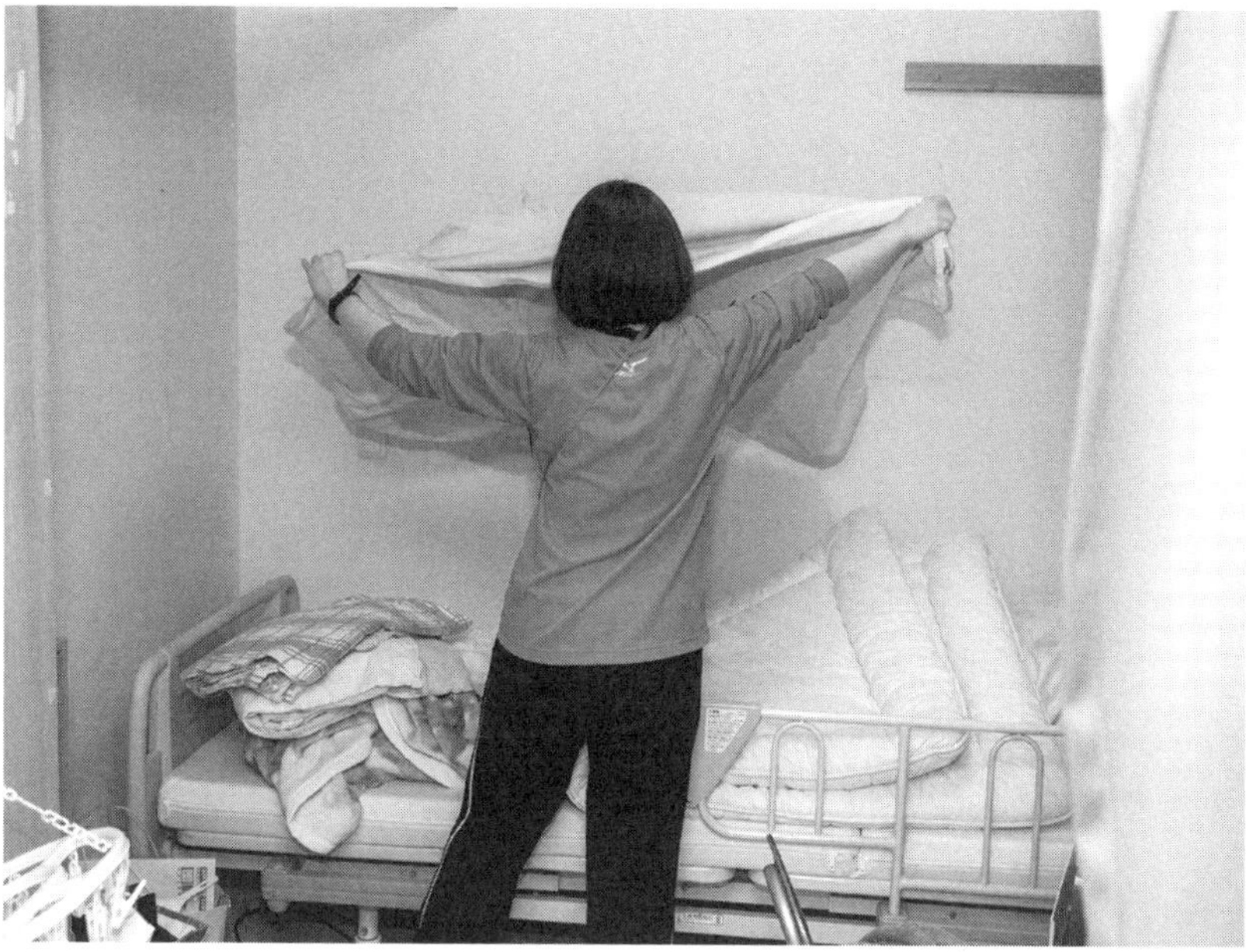

ASAHI

● 近年、経済雇用情勢の悪化に伴い、生活保護受給者が急増している。
● こうした保護受給者や経済的困窮に直面している人びとの多くが、社会的孤立の状態にあり、既存の制度では適切な支援が行き届いていない課題も指摘されている。
● 永年にわたり、さまざまな障害のある生活困窮者を支援してきた救護施設だからこそ、取り組むことができる支援があり、その実績を社会的にも示していくことが必要である。

この行動指針は2018年8月の時点で、「第3次行動指針」まで更新され、全国の救護施設において取り組みの展開が求められています。

この生活困窮者自立支援法に伴う高槻温心寮における新たな事業のいくつかのうち、一時生活支援事業について紹介します。

(2) 一時生活支援事業について

温心寮では2017年9月より、一時生活支援事業を実施しています。この事業は、もともとは自治体のホームレス対策事業であったホームレス緊急一時宿泊事業（シェルター）やホームレス自立支援センターの運用を制度化したものです。

この事業の支援内容は、住居のない生活困窮者で、所得が一定水準以下の人に対して、一定期間（原則3か月間、最大で6か月）に限り、宿泊場所の提供、食事の提供、衣類やその他の日常生活に必要な物資を貸与または提供するものです。そして相談などの支援は、同じ生活困窮者自立支援法の自立相談支援事業の相談支援員によって実施されます。そのため、温心寮では相談支援員は配置していません。

つまり「住まいと暮らしの提供」と「相談」が分けられていて、一時生活支援事業自体は、一時的な衣食住の場の提供という捉え方です。

大阪府ではこれまで、この事業の受け入れ依頼先として、ビジネスホテルなども活用していました。府下の救護施設は2017年3月に大阪府から依頼され、受け入れを始めました。大阪府の場合、担当エリアが北と南の2ブロックに分けられていて、温心寮は北ブロックの自治体からの受け入れを担当しています。

(3)温心寮の一時生活支援事業の受け入れ状況

2018年8月までの高槻温心寮の一時生活支援事業の受け入れは7件です（男性5件、女性2件）。事業に対する行政上の周知の問題もあるのか、3つの市からの受け入れにとどまっています。

利用に至った経緯は、持ち家が競売にかけられた、退職に伴う会社の寮からの退居、家族関係のトラブルなどさまざまです。

障害者手帳所持者は2名だけでした。しかしほとんどが糖尿病や脳梗塞の後遺症などの疾病、不安症や自律神経失調症など、生活上や精神面でのしんどさやつらさを抱えている人たちでした。

生活保護制度との関係では、利用にあたり、後の生活のため保護申請をしたケースは5件、すでに保護申請中で受給前だったケースが1件ありました。

平均利用日数は13・5日です。これは、利用開始時に立てる自立支援相談員の計画（支援方針）に沿い、温心寮の利用においては短期の利用目的が多いことにもよります。

温心寮ではこの事業に一時入所の部屋を使います。一時入所利用があるときに、隣室に別制度であるこの一時生活支援事業の人が入ることもあります。

一時入所は利用料が必要ですが、この一時生活支援事業は無料です。

また現状、一時生活支援事業は自治体との契約にもとづく事業ですので、大阪市を除く大阪府下の自治体（北ブロック）からの利用が対象です。温心寮がある高槻市は京都府に近く、京都府からの施設入所もありますが、京都府下の自治体とは契約していないのでこの事業では受け入れができません。この場合、利用者の状況が同様であっても、一時入所の扱いで受け入れることになります。

この事業は、生活保護を利用するまでの生活困難者を支えるための仕組みの一つとして、これからも実績を積み上げながら、より使いやすいものへ形を変えていくことが必要と思われます。

（秋山昌平）

コラム　温心寮AAミーティングの立ち上げについて

そもそものきっかけ

2014年当時、高槻温心寮の居宅生活訓練対象者のうち、アルコール依存症の人が半数を超えていました。担当者は利用者とともにアルコール依存症について学習しながら、その支援の難しさを実感し、居宅生活訓練と地域移行をどのように進めればよいのか迷っていました。

そして、アルコール依存症に詳しい近隣の精神科病院のケースワーカーとも相談・協議しながら、地域移行後も支援関係を保てるような取り組みを検討しました。そのなかで、施設とのつながりや病院との連携も必要だけれども、アルコール依存症の当事者同士の支え合いの関係をつくれないだろうか、と考えたのがきっかけでした。

どうせやるなら温心寮でいっしょに

アルコール依存症者の自助グループには大きく、実名参加を基本に家族も参加できる「断酒会」と、個別で匿名性の高い「AA（アルコホーリクス・アノニマス）」の2団体があります。当初は地域移行後の温心寮と通院先の病院との関係のなかで考えていましたが、当然これら団体の存在が視野に入ってきます。

もちろんこれまでも、アルコール依存症の利用者には近辺の断酒会やAAへの参加をすすめ、職員の支援に頼らないで自ら熱心に通っている人も実際にありました。しかし参加者個人にまかせ、職員側としてはあまり詳しく理解していませんでした。恥ずかしいことに、断酒会とAAの区別がつかない職員もいました。

そして、対象メンバーの一人が歩行困難になり、また温心寮近くではAAが開催されていなかったため、どうせやるなら高槻温心寮で、となったのです。

自主運営にこだわって

アルコール依存症は、自ら飲酒量をコントロールすることが不可能になっているのに「自分は大丈夫、依存症ではない」という「否認の病気」です。ちなみに断酒会では、冒頭「自分は酒に対して無力である」ことを認めることからミーティングが始まります。

AAは匿名性の高い団体ですが、運営上のルールがあるため、高槻温心寮で実施するにあたり、実際に運営しているグループに来てもらって説明を受けました。実施形態は「オープンスピーカーズミーティング」と呼ばれる、AAメンバー以外の参加も可能な形にし、施設外にも広く呼びかけることにしました。そして、運営は、居宅訓練中の利用者を中心に寮内のアルコール依存症の人たちにも関わってもらい、自主性を尊重するため職員は基本的に運営に参加せず、必要なときにフォローする立場に立つことにしました。

「AA関西地域ミーティング場　塚原」の新規開設

こうしてできた温心寮AAは、まずはメンバーの利用者が、施設のアルコール依存症の人の居室を訪問し、熱心に呼びかけ、語ることから取り組みがスタートしました。

最初は、「自分はいま参加する気持ちになれないが、以前参加していたので」と関連資料を提供した人から、

「ワシは確かに酒好きだが、アルコール依存症ではない」という人まで、対象者の反応はさまざまでした。

しかし少しずつ積極的になり、温心寮での第1回目のミーティングは、居宅訓練中のメンバーを中心に、近辺の病院の患者、最初にAAについて説明に来たメンバーなど、予想を超える多彩な人たちが集まりました。今後の温心寮AAのためにと宣伝チラシをつくってきた人もあるなど、支えられてのスタートを実感する会になりました。

これからも粘り強く

その後、中心メンバーの施設変更やメンバー自身の高齢化によるリタイヤなど、人数が減って細々とした活動が続いた時期もありますが、昼、夜と各地のミーティングに毎日のように参加している人が入所して、その人の呼びかけで再び参加者が増えているところです。

この人のようにAAミーティングに連日参加することは、アルコール依存症者にとって断酒継続のための大切な生活スタイルです。月に一度の温心寮AAが、私たちの支援のあり方として十分なものなのかの議論はありますが（AA自体は自主的に運営されるもので、支援者の過度な介入は避けなければなりません）、職員としてはこれからも、アルコール依存症を正しく理解するための学習を重ねながら、温心寮AAが高槻北部のミーティングとして、息長く続いていくよう工夫していきたいと思います。

（竹田敏彦・山田　優）

第5章

精神科医療との連携

1　入退院、精神科医療との連携
――ひとそれぞれのゆたかさの追求のために、支援の工夫と挑戦～

❶ 精神科医療との連携の重要性

高槻温心寮は朝9時からの全体朝礼で1日の業務が始まります。最初に男性フロア、女性フロアの宿直者の申し送りがあります。

「今日の受診予定です。○○病院に□□さんと△△さんと◇◇さん、そして▽▽さんで☆☆支援員の付き添いです。……」

と、最初にする日々の受診予定の連絡が多く、前夜のフロアの様子の報告までなかなかたどりつかないときがあるほどです。そのうちのほとんどが精神科の定期受診というのが現実です。

温心寮は、生活保護法ができたのと同じ頃に、当時大阪府の土地があった高槻市郊外の現在地に建設された福祉施設です。周辺には精神科の病院も比較的たくさんあります。温心寮もそうですがこれらの病院も、いまでこそ新しい住宅街に囲まれてしまっていますが、多くは地域が新しい街になる以前からこの地にあったいわゆる郊外型の病院です。

それがいま、地域の利便性も活かしながら、これらの病院と連携・協力することで、温心寮にとっては利用者支援に、病院にとっては退院促進などに取り組みやすい環境になっていると考えます。

ここでは今日の救護施設利用者の多くを占め、温心寮でも利用者の8割におよぶ精神障害の人への支援について紹介します。

ここまでは、高槻温心寮で暮らす利用者のゆたかな生活づくりに重点をおいて紹介してきました。これらはできるだけ利用者に寄り添いながらの、アイデアや工夫を重ねた日々の支援によるものです。

ただ一方で、200名の利用者には、それぞれに抱える〝しんどさ〟や生活上の困難・課題はあります。温心寮という集団生活にうまく馴染めない人や、救護施設として提供できるサービスや体制が、その人にとって十分でないなどの理由から、温心寮でのゆたかな生活の実現が難しい人もいます。集団生活のなかでそれらの課題に向き合い、それぞれがゆたかな生活・人生が送れるよう努めています。

そのような支援を実際に展開するためには、病院をはじめとする関係機関の協力が欠かせません。互いに連携しさまざまに協力しながら、それぞれの利用者が輝ける日々を送れるよう、職員も知恵をしぼっています。

次に、具体的な実践例から職員の工夫と挑戦を紹介します。

❷ 不安と不満から過飲水で水中毒に――発達障害の大貫さん

ここ数年で発達障害を抱える人の入所が増えました。これは、単に発達障害の人が増えたのではなく、発達障害が社会的に広く認知されるようになったことも背景にあると思います。

発達障害の障害特性の一つは、人間関係の構築が難しいことです。集団の生活に〝しんどさ〟を感じることもあります。温心寮は、救護施設としては全国的にもめずらしい個室で、集団生活にしんどさを感じる人でも生活しやすいよう配慮しているため、こうした障害のある人の入所申し込みも比較的多くなっています。

大貫康子さんは精神科病院を退院して温心寮に入所しました。発達障害があって環境の変化に敏感で、新たな生活をつくることに不安が大きい人です。そのため事前の施設内見学も複数回実施するなど、できるだけ不安を減らして病院から施設の生活に移行できるよう、特別に配慮しての入所でした。

入所後も、新しい環境での生活づくりがなかなかできませんでした。大貫さんはよく「自分はみんな（ほかの利用者）と比べると劣っている」と卑下し、自身の不安や不満などが心に徐々に積もってしまいます。そのたびに職員に話すことで一定程度は対処できていましたが、時に感情の収拾がつかなくなることもありました。気持ちの落としどころがわからなくなり、どうしたらいいかわからないと混乱してしまうのです。

できるだけ大貫さんに理解してもらいやすいように時間をかけてゆっくり話を聞く、言葉で伝わりにくいときはメモに書いてわたし、視覚でも理解を助けられるよう工夫しながら、信頼関係を少しずつつくっていきました。

小さな積み重ねでつくり上げた関係も、日常の些細な出来事でしばしば崩れました。温心寮の職員では大貫さんの不安を軽減できないときは、入院中に担当していた病院のスタッフを交えて面談を行うなど、病院との連携も取りながら生活を支えていました。

ある日、大貫さんから「友達ができました」と嬉しそうに報告を受けました。それからは「生きていく気力が満ちています」と生きいきと過ごす姿を見守りました。

ところがその3日後、「あの人たちとは仲よくできません」と険しい表情で支援員室にやって来ました。それをきっかけに「自分はダメだ」と劣等感に苛まれて行き場をなくした感情は、職員にぶつけるしかなくなってしまいました。このままではほかの利用者との関係も悪くなるばかりで、大貫さん自身も周りからの厳しい目にさらされてしまいかねません。

職員は大貫さんに安心してもらえるよう、時間をつくって話を聞いたり、手紙でのやり取りでカバーしたりしました。しかし、大貫さん自身の不安や不満は拭うことができず、とうとう限界に達してしまいます。不安が強くなっていくなかで、水をたくさん飲んでしまう過飲水の症状が現れたのです。

温心寮では、過飲水の傾向のある利用者には1日2回体重を測定するなど、自身がどれだけ水分を取っているのか数字で感じてもらうことで、自覚的に水分の取り過ぎを抑えていく取り組みを行っています。大貫さんはその測定体重で、午前と午後の計測差が2kg以上になることが常態化してきました。

ある日、5時間で4リットルもの水を飲んでしまった大貫さんは、体内の電解質のバランスを崩し、足元はフラフラで、意識も朦朧としてしまいました。これでは命が守れないと病院を臨時受診。血液検査の結果、ナトリウム値が異常に低く水中毒であることがわかり、即入院となりました。水を飲むことで心のバランスを安定させようとしてしまった結果でした。

3か月の入院の後、少しすっきりした姿で退院してきた大貫さんは、温心寮での生活に不安はあるものの、戻って次のステップに進みたいという大きな決意を抱いていました。以前のような不安感は少し落ち着いていて、大貫さんなりの生活をつくろうとがんばっていました。

職員も、大貫さんから「誕生日にケーキが食べたい」との希望があれば、数少ない親しい友人と誕生日会を行ったり、いっしょに薬局めぐりをして少しでも安いコスメを集めておしゃれを楽しんだりと、大貫さんの自分らしい生活の実現に取り組みました。

しかし、その期間も長くはありませんでした。過飲水の予防のために行っていた体重測定で、半日で3kgの増加がわかります。支援員室の前にある給茶機での飲水は職員の目が届くため、居室内の水道の蛇口から直接水を飲んでいたのです。不安を和らげることができず、大貫さんは再び水中毒になってしまいました。

個室という比較的過ごしやすい環境とはいえ、やはり集団生活です。新たに集団に溶け込むことは大貫さんにとって、私たちには計り知れない不安とのたたかいだったのではないかと思います。再び入院生活に戻ってしまった大貫さんでしたが、温心寮の生活で生じる不安からは解放され、病院という安心できる環境で再起を図っていければと思います。

このように利用者にとって、温心寮という環境が必ずしも一番よいものとは限りません。病院と連携して生活の場所を移したケースになりました。

③ 温心寮ＡＡのチカラ——アルコール依存症を自覚した中原さん

ここ数年、アルコール依存症の人の入所が増えています。

中原保さんは長く、ドライバーや大工などをして生活していました。60歳を過ぎて職を失ってからは生活保護を受給していました。

仕事へ行かなくなると途端に飲酒量が増え、酩酊して転倒してをくり返し救急搬送されていました。ついには歩行も困難になり、福祉事務所のケースワーカーに病院への受診を促され、アルコール依存症と診断されてそのまま入院となりました。

ほどなくして退院となり温心寮に入所します。その頃には認知機能も回復していました。しかしその一方で、中原さん自身の病識が欠如していました。「退院＝アルコール依存症は治った」と思っていたのです。月に1度の受診では先生に「飲んでいません」と報告していたにもかかわらず、散歩に出かけて「ちょっと一杯……」。遠方への外出回数も増え、そのたびに飲酒していることもわかりました。

温心寮は成人施設ですが、アルコール依存症の人の受け入れや精神障害の人の入所増加により、施設のルー

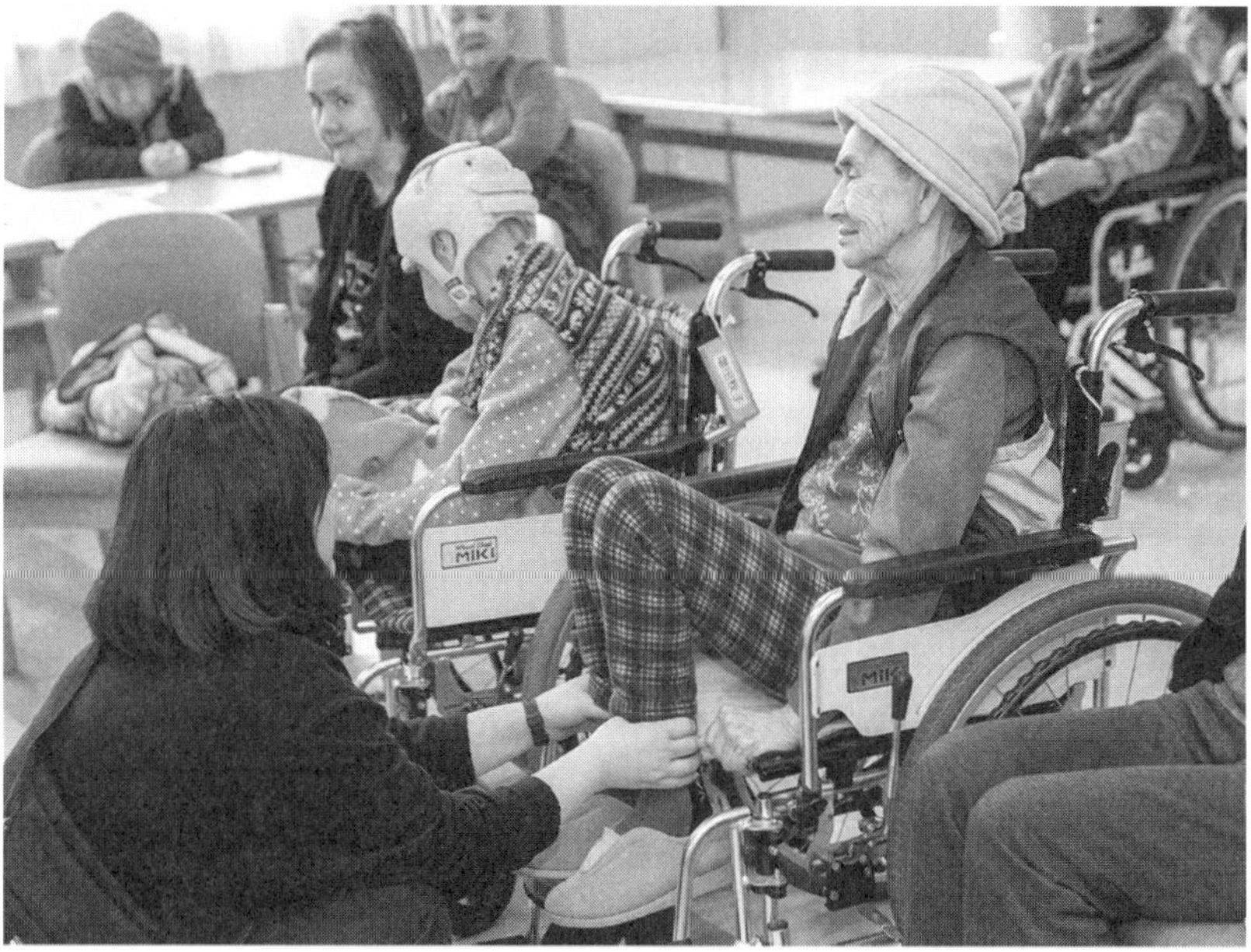
MIKI
MIKI

ルとして飲酒は禁止しています。そのことを病院の医師に伝えると「飲酒禁止の施設とわかっていて飲酒しているのなら、退所してもらえばいいのでは」と指摘されました。

それは、決して突き放しているのではなく、アルコール依存症の人の治療は、自ら自覚して断酒を継続することしか根本的な治療法がないということの表れです。そのため、自覚をもって断酒を継続するための助けとして、自助グループやAA（アルコホーリクス・アノニマス＝152ページコラム参照）などの取り組みが各地・各機関で設けられています。

地域の断酒会やAAも存在していますが、中原さんの病識の現状からは参加が難しく、どのような取り組みなら中原さんの自覚につながり治療の助けとなるのか、担当職員でも検討しました。定期的な抗酒剤（体内のアルコールに反応して動悸や息苦しさを感じる薬）の服用や金銭の職員管理などさまざまな意見が出ました。

しかし、アルコール依存症であるという自覚を促すためには、やはり自助グループしかないだろうと考えました。そして、外に出ていくのが難しいなら施設のなかでAAを開催できないか、という発案がなされたのです。

なかには断酒会とAAの違いもわからない職員もいる状態からの出発でしたが、AAを実際に運営しているグループの人に来てもらい、話を聞いて職員も理解を深めました。

自助グループなので、運営は当事者で行います。職員の粘り強い説得にしぶしぶ参加の中原さん。運営についてはもう1名の利用者を中心に、主なメンバーも施設の利用者だけでなく施設外にも広く呼びかけ、オープンな実施形態で取り組むことになりました。また自主性を尊重するため、職員は基本的に会議などには参加せず、必要なときにフォローする立場に立つことも決めました。

中原さんも職員も手探りで始めた取り組みでしたが、回を重ねるたびに、お酒にまつわる失敗談や周りの人々に迷惑をかけたことへの謝罪、断酒に取り組む強い意志などが、メンバーからたくさん聞かれるようになりました。そして活動も軌道に乗り、近辺の病院の患者や最初にＡＡ立ち上げに協力してもらった人など、予想を超える多彩な人の参加が見られるようになりました。

すると中原さんにも変化が表れました。自分以外の人の体験談を聞くことで、似たような境遇やメンバーの話への共感が強くなり、自らアルコール依存症であるとの自覚が出てきたのです。互いに体験談を語ることで、励まし合い、支え合う関係がつくられていきました。

ＡＡ自体は自主的に運営されるもので、職員の過度な介入は避けなければなりません。職員としては、アルコール依存症を正しく理解すること、依存症には自覚が大事だということをきちんと認識することが必要だと思っています。

（竹田敏彦、三藤　聡、山田　優）

2 医療ソーシャルワーカーに聞く
――精神科医療と地域との支援に求められる温心寮の役割

精神障害のある利用者にとっては欠かせない精神科病院との関係をひも解くため、近隣の精神科Ａ病院のＰＳＷ（医療ソーシャルワーカー・精神保健福祉士）の栗山眞智恵さん（仮名）に話を聞きました。栗山さんと、病院や地域にとって温心寮が果たすべき役割について考えていきたいと思います。

(1)精神科病院で働くPSWの仕事

――精神科病院で働くPSWの仕事とはどんなものですか？

栗山　PSWの対象者は当然、病気や障害などで困っている人です。ときには家族も含まれます。

医師は医学を基本にしていて、看護師は看護学が基本です。ワーカーは社会福祉学を基本にしています。困っている人に対応する手段は、医師のように薬が使えるわけではなく、看護師のように手当てできるわけでもありません。私たちにとっては、対象者本人との関係性がその手段になります。そこに、学んできたソーシャルワーク理論や技術を応用することになります。

業務内容は、相談業務が基本です。初診のときのインテーク（相談に来た人から事情を聞くケースワークの最初の段階）、そして担当患者の退院支援など、社会とのつなぎ役のような仕事と思っています。

(2)社会資源の一つとしての高槻温心寮

――救護施設、温心寮はどんな印象ですか？

栗山　私が就職したのは1970年代半ばです。その頃の温心寮は8畳くらいの部屋で4人が暮らしていて、布団を敷けばいっぱいという雰囲気でした。見学にも行きましたが、「（入所したら利用者を）よく看てくれる施設」という印象でした。

ただ、利用者のアメニティーの部分で、病院から退院してすぐに住むイメージになかなかなれませんでした。救護施設全体が生活保護に則った施設なので、建物や部屋にお金をかけられないのだな、と素人感覚で思いました。

温心寮が建て替わり個室のすごくきれいな施設になって、入所依頼をするケースがとても増えました。私の担当でも10名ほど入所したと思います。

入所した人たちのなかで、一番長いのは38年間入院していた人でした。入所依頼は、最低でも1年以上の長期の入院をしていた人ばかりでした。また、何らかの理由でこれまでグループホームや一人暮らしなど、地域で生活していた経験がある人の入所をよく依頼しました。

タバコの不始末でアパートを追い出された人もありました。一人で暮らしていたけれども何らかの出来事があって地域から拒否され、一人での生活では場所を変えても同じような出来事が起こる懸念があるなど、保護的な観点から入院が長期になってしまった人もありました。ほかにも身体的に一人暮らしが難しくなった人などさまざまでした。いっしょに見学に行って「入所したい」と希望した人が、合わせて10名ほどになりました。

長期の入院生活後の温心寮入所なので、生活にはギャップがあったようです。「食事はとっても美味しい」「職員も話を聞いてくれる」など入所後の様子も聞きましたが、一番ネックになるのはお金のことで、多くの人がそのことを最初に話していました。

病院に入院しているときは入院日用品費が入って、月に2万4000〜5000円くらいが小遣いとして使えます。それが温心寮に行くと1万5000円と、5000円以上減ってしまいます。ほかの救護施設では月の小遣いが2000円というところもあると聞きました。タバコも吸っていたら値上がりもあり、「キュウキュウしている」という人もいたようです。

ただ施設に慣れるにつれて、そういうことはあまり聞こえなくなってきました。入所してからも病状の悪化やいろいろなトラブルで再入院することがありますが、あれだけ長く入院していたから「やっぱり病院がよい」のかと思ったら、「温心寮に帰りたい」という人がほとんどでした。施設の生活にはそれなりの居心地

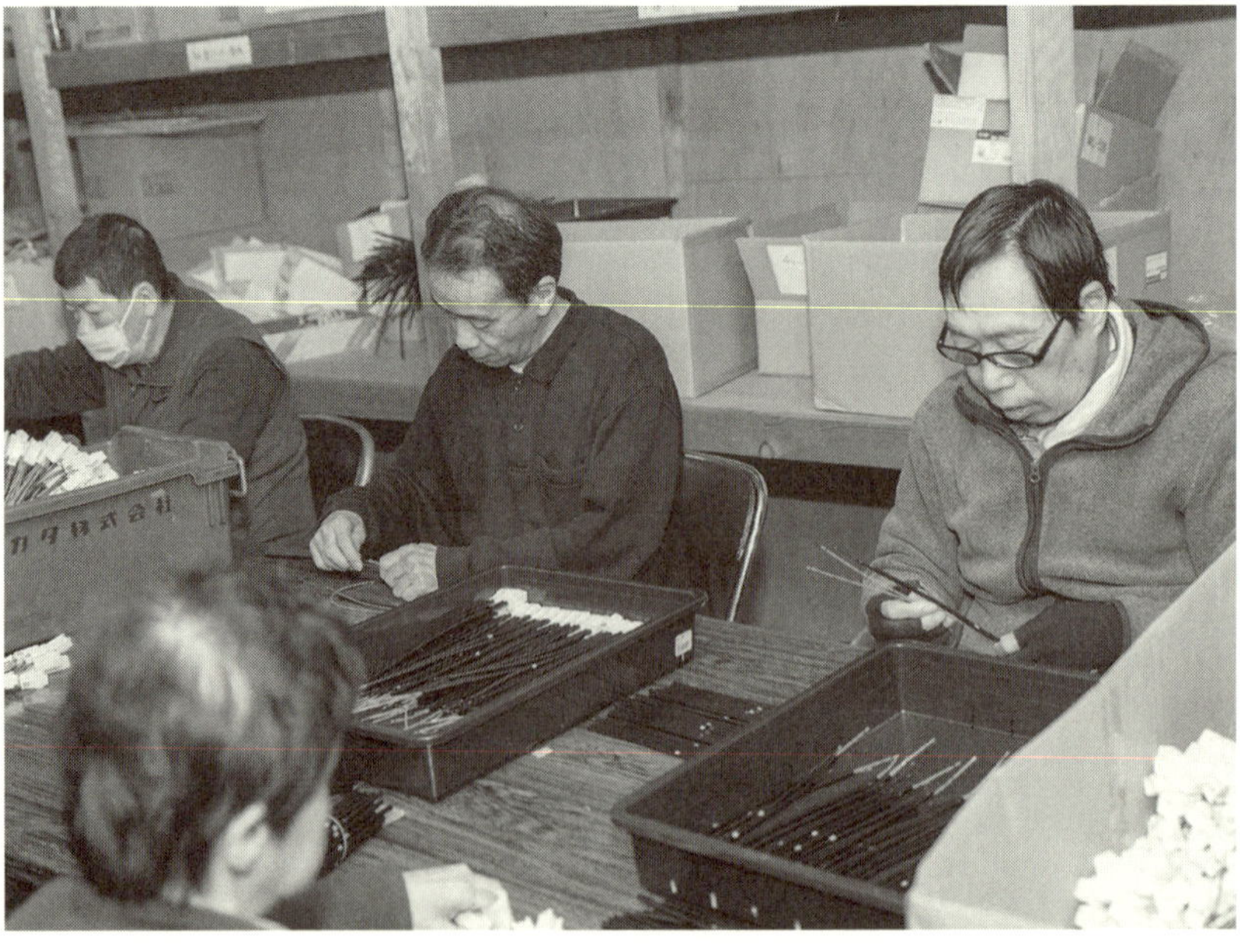

のよさなど、病院にはない何かがあるのだろうと思っています。

だから、できるだけ病院に居続けないようにと思います。長期入院とか一生入院など、世間の感覚ではあり得ないことだと思います。病気も症状も落ち着いていて退院できる状況なのに「病院にいたい」という人が、入院を継続しています。たぶん、ほかでの生活の経験がなく、病院しか知らずに「ここがいい」という人がほとんどだと思います。

私たちの仕事は、退院するのが嫌だという人にもいろいろな選択肢を知ってもらい、一度は見学し、よければ経験して、選んでもらうことです。その、次の選択肢の一つとしての「救護施設」だと思っています。

(3) 温心寮に期待する専門性
——温心寮にどんな専門性を期待しますか？

栗山　集団生活という点では、病院も温心寮も似ている部分はあると思います。ただ、患者一人ひとりに焦点を当てればいろいろな個性があって、その個性を周りがどれくらい受け入れられるのかが問題だと思います。こちらの社会では受け入れられるけれども、あちらでは受け入れてもらえないということがないように、個人が大切にされるその課題を克服していかなければならないと思います。

その点では、これまで患者に対して保護的に関わってきた病院のあり方も考えていかなければいけないとも思います。ある当事者団体主催の講習会に参加した際、現場で実践してみたらおもしろいのではないかと思う取り組みがありました。それは「パーソナルリカバリー」という考え方です。

精神の病気に罹ってしまったら、「病気を治さなあかん」となりがちですが、病気も含めて社会で過ごせる力を回復できれば、病気ばかりにとらわれない人生が送れるのではないか、というものです。私もそう思います。

温心寮の入所面接で、新規入所者への「温心寮でどのような生活を送っていきたいですか?」という質問がありますが、それがこの考え方にあたるのではないかと思います。自分がどう生きていきたいのか、その目標にどう近づいていくのか。それこそが個人の回復、すなわち「パーソナルリカバリー」の要素だと思っています。

ただやはり、どうしても社会に受け入れてもらえない（合わない）人もいるでしょう。病院の視点で言えば、昔は（生活）環境調整も含めた入院ができていましたが、国としてはいま、入院する必要がない人の入院継続は行わないことになっています。

そうしたなかでは生活施設である温心寮で、集団や社会のなかでの生きづらさが少しでも少なくなるような教育的な取り組みも、期待したいところです。

(4)利用者を捉える視点で大事なこと
――温心寮に入所しても集団にうまくなじめない人や支援の組み立てに苦慮する場面があり、より専門性が求められているように思っています。

栗山　病院も同じように、一人の患者をずっと見ていると問題行動ばかり見えてしまいます。ワーカーは外へ出て仕事をする機会がありますが、病棟のスタッフは病棟患者しか知りません。状態の悪い人がいれば、その人の悪い状態しか知らないままになってしまいます。

あるとき、温心寮でも生活していた人の合同カンファレンスがありました。そこでは、食事ができなくなって鼻腔チューブで栄養を摂っているその人の今後の治療について話し合われました。いまは意思の疎通が難しく鼻腔チューブも抜いてしまうため、胃ろうにするしかないのか……、という状態です。

そうやって生かされているその人の姿を見て、「これで本人は幸せなのか」という素朴な疑問をもつ若い看護師がいました。生きているだけでいいという考え方もあるでしょうが、「その人らしい人生を」と考えたときにどう治療を組み立てていくのか……。

そこでワーカーにできることとして、その人を知るために人生の年表をつくってみました。その人の知り得る限りの情報と人となりを伝えました。すると、やはり胃ろうにするよりも現状の対応を基本とし、抜かれてしまう鼻腔チューブも昼間は外して夜だけつけることになりました。

でも本当は、こうした話を本人抜きでするべきではないと思います。それはその人が理解できるかどうかではなく、その人も自分のことを知らないところで決められるのは嫌でしょう。私なら嫌だと思います。そう思える視点は大事にしたいと思います。

どうしても解決を急いで、十分に話も聞かないままに結論を出してしまうことがあります。結論を出すことに力を注ぐよりも、不完全であることに耐えられる力をつけることも大事だと思います。不完全な状況を我慢する力です。

患者に見えている世界と自分たちに見えている世界は違うのだと思います。だから伝わらないこともあるのだろうと思うのです。

――PSWの仕事を続けてきた理由は？

栗山　いろいろな失敗もして、苦労することもたくさんありましたが、人の役に立つ仕事だと実感できる場面もたくさんありました。そして「ありがとう」と言われることがうれしくて、長く続けられたのだと思います。それに、大変な仕事をした後に充実感を感じられると、それもうれしくて、続けられたのだと思います。

精神科の患者の支援のゴールはなかなか見えにくいものです。ゴールできたと思っても数か月でスタートラインに戻ることもあります。患者も同じように人の役に立ちたいと思っているでしょう。その力を何かに生かせたらいいのに、とも思います。

（秋山ちはる、山田　優）

提言

救護施設とゴールキーパー

松木宏史（滋賀短期大学幼児教育学科准教授）

救護施設——歴史と現在

救護施設をひと言で語ることは難しいが、「何らかの生活問題を抱えた人たちを受け止める最後の受け皿（セーフティネット）」とまとめられることが多いようである。

かつては「身体上又は精神上著しい欠陥があるために日常生活を営むことが困難な要保護者を収容させ」る施設とされていた（傍点筆者）。そしてその対象は「いわゆる廃人」と規定されていた。「いた」と過去形で表したが、この文言が修正（欠陥→障害、収容→入所）されたのは2000年に入ってからである。つい20年前までこうした差別的な文言が放置されてきたことこそ、救護施設がある意味で「忘れられた施設」だったことの証といえよう。

しかし、従前から変わらない救護施設の「社会的役割」がある。それは「他法施設の不備・不足を補ってきた」ことである。

障害者施設が整備される過程では、知的障害者を多く受け入れてきた。精神障害者の地域移行が進むなか、地域に帰る場所のない彼ら彼女らを受け入れてきた。建設不況の折りにはホームレス（野宿生活者）も多く受け入れた。ＤＶ被害者、生きづらさを抱えた生活困窮者など、年齢を問わず、政策の網の目からこぼれ落ちてきた人々を受け入れ、支えてきたのである。時代の要請に先駆けて対応してきたという意味では、救護施設は「社会問題のアンテナ」といえるかもしれない。

ところで今日、無料低額宿泊所（無低）や無届け介護ハウス、胃ろうアパートなどが社会問題として取り上げられるようになってきた。この社会のなかでまったく行き場のない人たちがこんなにいるのか、と改めて驚いた人も多いだろう。救護施設も「最後のセーフティネット」という看板を下ろさないといけないかもしれない。

ただ、無低はともかく法外の無認可施設がこれだけ必要とされているのは、本来こうした人たちを受け入れていくべき保護施設の不備・不足ゆえにほかならない。体系的な施設整備を怠ってきたツケが、いま表れてきているのである。憲法25条の定める「健康で文化的な最低限度の生活」の底が抜けつつある。

このような状況下で、私たち編集委員会は「高槻温心寮の実践を世に問いたい」と考えた。生活保護に対するバッシングや偏見が強いいま、そして無低や無認可施設の問題点が明るみに出てきているいまこそ、救護施設の実践を整理する意義があると考えたのである。

救護施設個室化の意義

高槻温心寮は、全国の救護施設に先駆けて個室化を実現した。健康で文化的な暮らしへの第一歩として、個室化は大きな意味をもっていた。

温心寮の旧館では8畳に４人が暮らしていた。布団を敷くと畳が見えないような状態である。また、車いすを使用する人は15床ほどの「大部屋」で暮らしていた。カーテン一枚限りのプライベートスペースである。他人には知られたくないはずの自分の便の臭いや着替えの様子などがまるわかりで、居住スペースとしてはとても十分なものではなかったのである。

個室での支援は、高槻温心寮での「当たり前」として定着してきた。しかし忘れていけないのは、職員の慢性的不足というソフト面は改善されていないままだということである。

大部屋・相部屋なら職員の配置数は少なくてすむだろう。しかし全室個室になると、安全確保の意味からも職員数を増やす必要が出てくる。しかし職員は思うように増えていない。その分は、職員スタッフの自助努力にゆだねられている。施設の場合、どうしても設備面に目が行きがちだが、支援を行う上でも人的配置が決定的に重要である。

温心寮の建て替え後、全国の救護施設に個室が広まったとはいえない。残念ながらいまでも、救護施設では相部屋がスタンダードである。

並行して、無料低額宿泊施設や無届け施設のなかに「個室」をうたうものが出てきた。立派な実践を行っているところもある反面、ベニヤ板で仕切っただけの「なんちゃって個室」など、狭くて劣悪な環境の施設が問題視された。「雨露さえしのげればいいだろう」というその発想は、現代版の劣等処遇として批判的に見直されるべきである。

ちょうどこの本づくりをしているさなか、無料低額宿泊施設の設置基準が審議されている。いまの政府が「健康で文化的な最低限度の生活」の基準をどう考えているのか、その試金石になるのではないだろうか。無料低額宿泊施設の設置基準が「劣化版救護施設」になる恐れも十分ある。既存の保護施設として実践を積み重ねてきた「先輩」として、救護施設の関係者からも建設的な発言・提言が求められるだろう。

救護施設の存在意義

貧困問題が日常的に報道される今日、救護施設の存在意義はどこにあるだろうか。結論からいえば、それは「がんこに、ていねいに『他法施設の不備不足』を補い続けること」ではないだろうか。

一見すると、それは地味な仕事である。しかし、体系的な施設整備が進まないなか、現行の施設では対応しきれない人、思うような施設に入れない人は一定数出てくる。そうした人を確実にキャッチしていくことが必要である。

いずれ近いうちに生活保護施設も「見直し」されるときが来るであろう。しかし、たとえ法令上の名前は変わっても「救護施設的なもの」は必要とされ続ける。行き場を失った人たちの生活の場は、時代が変わっても役割を失うことはない。

「いまこそ救護施設の出番」というつもりはない。歴史的に振り返っても、救護施設が取りざたされるときは『業界』のチャンス」であると同時に「社会福祉の危機」でもあるからである。

筆者はかつて、救護施設を「生活問題対策のゴールキーパー」にたとえたことがある。サッカーでゴールキーパーが注目されているとき、それは試合で劣勢を強いられている場面ではないだろうか。試合が優勢なとき（社会福祉が充実しているとき）は誰も、キーパーには目もくれない。しかし劣勢なとき（社会福祉が後退させられているとき）、観衆の目はがぜんキーパーに釘づけである。

行き場のない人たちが増え、その人たちを対象とした無認可施設や、果ては貧困ビジネスが横行するいまの情勢は、延々とPK戦を戦っているようなものだというと、大げさになるだろうか。キーパーがかろうじてはじいた、そのボールの行方はどこなのだろうか。

逆説的にいえば、救護施設の存在意義とは「注目されないこと」にあるのかもしれない。しかし、いざというときは、暮らしをしっかりと受け止める存在であり続けることこそが重要なのだろう。

インターネット上では、19世紀の資本主義社会を見るような言説が横行している。生活保護といえば「不正受給」「本当に困っている人だけ」といった言葉だけでなく、「現物支給でいいじゃないか」「アメリカのフードスタンプ方式でもいいじゃないか」など、ある程度社会福祉を知っているであろう人たちの意見にもひどいものがある。「山奥に施設を建てて集団生活させろ」というような意見も散見される。

救護施設には、こうした安易な生活保護現物支給論へのアンチテーゼとして、その人の暮らしをしっかり受け止めるトータルなケアを行っていく責任がある。もちろん国には、私たちのゴールキーパーがその役割を果たせるよう、最低基準の見直しを「前向きに」行っていく責任がある。

第III部

これからの救護施設の役割と課題を考える

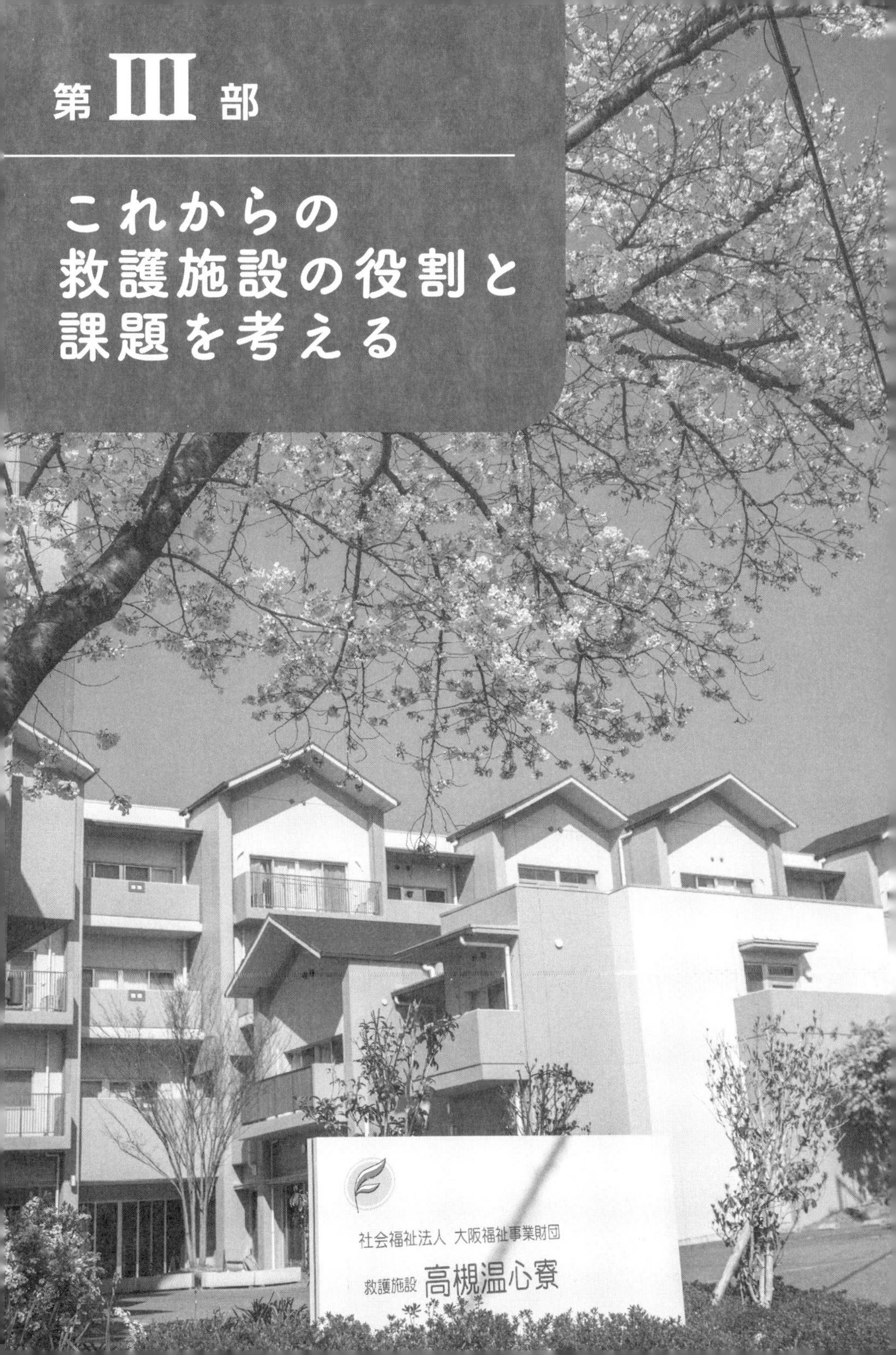

座談会

これからの救護施設の役割と課題を考える

加美　嘉史（佛教大学社会福祉学部教授）
松木　宏史（滋賀短期大学幼児教育保育学科准教授）
田中　彰（施設長・編集委員）
松木まゆみ（総主任・編集委員）
秋山　昌平（編集委員）
飯田　葉子（編集委員）
山田　優（編集委員）
吉本　純（編集委員）

❶ この本で一番伝えたかったこと

松木ひ（司会） この本の締めくくりは編集委員と監修者による座談会です。まずは、この本で一番伝えたかったこと、それぞれ担当した章のなかで、どんなことを書きたかったのか、という話から始めたいと思います。

吉本 はい、今回の出版企画は私が最初に提案しました。というのも、実習生などと話をすると、本やネット情報も含め救護施設について調べる手段や資料がなかなかないなかで、だいたい前の『救護施設との出会い』（2003年発行）を見て実習に来ていました。でも、その本はずいぶん前に出したもので、救護施設も時代とともに姿を変えています。ですから、世の中のたくさんの人にいまの救護施設を知ってもらいたいと思って、新しい本の出版を提案しました。

秋山 私は、救護施設で働きたいと思って就職しました。学生時代に高齢者のデイサービスや障害がある人のガイドヘルパーをアルバイトでしていて、どちらにも興味を抱いていたところ、いわば〝ごちゃ混ぜ〟の救護施設にたどり着いたのです。大学のゼミの先生が生活保護のソーシャルワーカーだった影響もあって、行くべきところにたどり着いたような感じでした。

救護施設のことを知りたい、時代の最先端の福祉ニーズに対応しているところもあるのだろうと思って、ここを希望して入りました。実際に働いて、本当にいろいろな人がいることを実感しました。温心寮のフロアで5年、地域支援に移ってまる6年が過ぎました。

実は私も『救護施設との出会い』を読んで来た一人です。いま改めて読むと、地域につながる機能の重視なども触れられていて、そこからいまの地域支援につながっていることがよくわかります。

この本の後、建て替えを経て温心寮がいろいろなことに取り組んできていることをまた伝えたいという思いは、私もあります。私自身も救護施設が好きで、けっこうマニアックな分野を追求していて、みんなに知ってもらいたいという思いもありましたから、編集にはかなりのめり込みました（笑）。

それと私は二十歳過ぎた頃から本にはまって、家でひたすら本を読んでいた時期があります。だから、いつか自分の本を出すという、私自身の自己実現にもなっています。

山田　私は、ここで利用者ががんばっている姿、生きていく力のようなものを伝えたいと思って原稿を書きました。生活保護が悪みたいな風潮もあるなかで、生きていてもいい、その人はその人でいいということが伝えられたらと思います。

飯田　私は学生時代に救護施設のことを調べていました。そのときに月刊誌『福祉のひろば』で温心寮の建て替えの記事を見つけて、「こんなところがあるんだ」と覚えていたら、そこが求人していたので応募して就職しました。

学生時代も何か所か救護施設の見学に行きましたが、ある施設はガラス張りの部屋に人が雑魚寝するようにたくさんいて、人間的とは思えないところと感じました。別の施設は民間の比較的きれいなところで、救護施設といってもこんなに違うのだと思っていました。

だから、個室を導入する温心寮はきっとすごくいいところだろうと思って来たのです。救護施設の利用者だからといって雑な扱いを受けなければいけないことはない、ゆたかさを求めていけるような施設なのだろうと思ったのです。

それはいま、一定そうだとは思うのですが、実際に自分が働いてみて、一人に一部屋が与えられていれば、それでただちにゆたかなわけではない、ということがわかってきました。

編集委員に加わったのは吉本さんに誘われたからです。私は経験年数がそんなになく、忙しさのなかで決まったことしかできなくて、何も考えずに働いていたのですが、自分がしていることが、どんなことなのかの振り返りができたらと思っています。

松木ま　私も大学時代に救護施設に実習に行きました。大学卒業時に特別養護老人ホームに就職が決まっていましたが、救護施設に「臨時職員だったらアキがありますよ」といわれて「じゃあ」と来てからもう23年になりました。

　思い出してみれば『救護施設との出会い』の頃は、18人の大部屋での支援など、これで本当に暮らしの場としていいのかという思いがありました。その後いろいろな経過を経て、本当に建て替えるときがやってきました。「出会い」本には「個室じゃないから困っている」というようなことも書かれていたと思います。

　けれども、個室になったからすべてよかったのかというと、確かにベースは変わりましたが、そのなかで支援をどう組み立てていくかとか、動線が長くなったという問題もありました。それまでは利用者のプライバシーを侵害する形で職員は管理しやすかったわけです。でもそれがそうではなくなってしまい、どうしても古い建物と勝手が違うことへの職員の葛藤もかなりありました。そのため「こんなんやったら建て替えんかったらよかった」といってしまうような状態も、一部にはありました。

松木まゆみ

　ただ、建て替えてから10年たち、建て替え後に入職した職員が増えるなど入れ替わりもあって、「昔はよかった」という話はもうほとんど出なくなりました。とはいえ、個室になって自分たちの仕事に自信をもって「バッチリです」といえるかというと、そうともいい切れない状況もあります。

　複雑な課題を抱えている利用者もいて、それをまず受け止めるのは、個室によってできるようになったと思います。ほかの人といっしょにお風呂に入ることも、いっしょにご飯を食べることも、ましていっしょに寝るなんてとんでもないという人たちも受け入れられるのは、個室だからこそだと思います。

しかしそこから次の展開になると、利用者それぞれの課題が複雑で大きいため、職員自身も、職員としての経験はもちろん人間として生活者としての経験が非常に問われますから、それは本当に難しいと思います。以前なら入所していないような人の利用も、いま増えています。たとえば、発達障害と診断されている人たちです。そもそも集団生活自体がしんどいにもかかわらず、利用に至っています。対応には基本的な理解が必要だと思っています。

また、高齢者はもちろん前もいましたが、少し精神障害がありつつ一人暮らしないしは家族と暮らしていたという高齢者の入所が増えています。それまで地域のコミュニティのなかで〝ちょっと変わった人〟などとされていた人が、いよいよいられなくなった、というところではないかと思います。

そのなかで利用者から学ぶことはたくさんあります。それをぜひ伝えたいという思いがあります。救護施設はなくなるのが最終形だったはずなのに、まだまだ取り沙汰されて、この先どうなるのだろうと思っています。だからこそしっかりと発信していくことが大事かと思います。

この間は特に、精神障害がある人の入所の問い合わせが増えています。病院から「退院しなさい」といわれても、家に連れて帰るにはやはりいろいろ問題があって難しい。施設を探すけれども、入所施設がないからこれもなかなか難しいわけです。また、精神疾患があって内科的な治療が必要な人たちの入所もかなり増えています。家では対応できないからだと思います。

最近驚いたのは、特別養護老人ホームに入所している人の入所相談でした。精神障害のある高齢者で要介護度が3以上なのでしょう。精神科に通院はしているけれどもなかなかうまく支援ができず、「そういう人を受け入れているところを探しているんです」という相談でした。

もちろん温心寮には精神障害の人も多く、一応のノウハウもあります。しかし介護が必要になった人は、むしろ特別養護老人ホームに行ってもらう取り組みを進めているところです。ですから、いよいよここまできたのかと思う一方で、特に高齢の精神障害の人に対する支援策については考えていかなければならないと思っています。

逆に、重度の知的障害の人の受け入れは減っています。かつては言葉もない重度の療育の人もたくさん入所していて、そのまま高齢になっていまも在籍している人はいますが、新たな受け入れはほとんどありません。他法が整備されたことで、そういう人たちが入れる施設が増えた結果かと思います。

田中　前の「出会い」本の頃と比べると、制度の移り変わりのなかで利用者の姿も変わっていて、救護施設に求められることも増えているのは、本当に実感を伴って確認できると思います。

利用者の様子や人となりも、建物設備に影響される面があると思います。古い建物の、ベッドが並んだ大部屋や8畳の4人部屋が並んだ環境における利用者のしんどさ、逆にいえば職員側は支援管理がしやすかった当時の温心寮の利用者像と、いまの5階建て全室個室の建物における利用者像は、明らかに変わっていると思います。

田中　彰

また、さまざまな人がいていろいろなことができるのも救護施設の醍醐味だと、私はつくづく思っています。対象者も支援メニューも幅広いという意味では、救護施設の職員はどこに行っても通用するほどの汎用性をもっていると思います。

ただ、それを単純な切り口では伝えにくい難しさはあります。

❷ 個室とゆたかな暮らし

松木ひ　個室になったからといってそれがゆたかな生活に直結するわけではない、という話が飯田さんからありました。これが一つ、15年前との大きな違いかと思います。15年前はとにかく設備が老朽化していて、大部屋で、最低でも4人部屋で、本当に支援に難儀していました。精神障害の人たちなど、本当に集団生活のなかで苦しい思いをしていたという状況がありました。その原因を設備的なハード面の不備に求め、そこから建て替えの話にもなりました。

いまは、福祉のことを知らない人が見れば「えらくきれいなところですね」というくらいに、建物は非常にグレードアップしています。しかし、そのことがゆたかな生活と直結しないというところを、ちょっと掘り下げて話し合いたいと思います。

飯田　長く温心寮に住んでいた人が最近亡くなりました。入院先の病院で亡くなって、そのまま葬儀もせずに火葬場への直葬だったと聞きました。葬儀があっても誰が集まるのかという問題もありますし、直葬の現場に行ったのは何人かの温心寮の職員だったと聞いています。一方で、温心寮で誰かが亡くなったときは施設でちゃんとお葬式があって、多くの利用者を含めいろいろな人が集まります。同じ亡くなったということなのにどうしてこんなにも違うのか、と思ったことが一つありました。

また、本人証明がつくれないという人に、私は驚きました。障害者手帳などがあればそれが本人証明になりますが、その手帳もなく免許証などもなければ、その人はいったい誰なのだと……。たとえば住民票に温心寮と記載されていても顔写真はありません。さらには無戸籍の人もいます。マイナンバーが整備されても、マイナンバーカードすらつくれないような人がたくさんいることに、最近驚きました。人のつながりの薄さを感じます。

吉本　私は旧館と新館の両方を経験していますが、やはり旧館のほうは、自然に人と人とのつながりができました。それは利用者層も関係すると思いますし、ハード面もあると思います。４人部屋だから、嫌でも何かしらつながらなければいけない。廊下もそれほど広くなく、いろいろな人が行き来していて、何かしら人と人とのつながりを感じられる状況のなかで、会話もそこで何となく生まれたり、利用者同士の関係や利用者と職員の関係が生まれたりしていたと思います。

ハードが整ってさらに精神障害がある人が増えてくると、一人ひとりの部屋のなかが基本的にその人のスペースになってきます。ご飯のときしか外に出て来ない人もいます。そうなるとやはり、つながりは意図的につくらないとなかなか難しい。さらにいえば、精神障害がある人や発達障害がある人は人づきあいが難しかったり、人と人との関係性が苦手という人も増えてきたりするなかで、自分たちでは横のつながりがうまくつくれません。ハード面もそれを助けてくれません。職員も、個別支援でけっこういっぱいになっている場面もあります。それが、なかなかゆたかさに直結してこないという飯田さんの実感ではないか、と自分なりに考えてみたのですけれども……。

吉本　純

先の葬儀の件ですが、その人は温心寮にいられる状態ではなくなって病院に移り、病院から次の施設に移る前に亡くなりました。もしも温心寮で亡くなっていたら、葬儀もしっかりしたものをしてたくさんの人に見送られ、火葬場にもいっしょに行くことになったと思います。それがかなわなかったことから、施設として人生に向き合うなかで、その人の死をどういうふうに迎える支援ができるのか、私も考えさせられました。

松木ひ　私の現場経験はこの温心寮だけですが、葬儀をして職員がついて火葬場まで行き、施設のお墓に埋葬するのが当たり前と思っていました。実はそうでもないということを知ったときに、温心寮の可能な限り最後まで付き添う文化はすごくいいことなのだと思いました。

しかし最期まで温心寮に籍がなかった場合、なかなかそうはなりません。その人が亡くなったときに、その人がそこに生きていたという証明すら残らないケースもまだまだあります。

秋山さんはいま地域支援の仕事がメインということですが、その6年間のなかで印象に残るような出来事や変化に気づいたことがありますか。

秋山　温心寮を出てグループホームに入り、その生活も難しくてまた温心寮に戻り、その後病院に入院して入院中に入所期限が切れ、その後すぐに病院で亡くなった40代の人がいました。

身寄りのない人でしたから、グループホームのときに後見人をつけました。その人のためにと思ってのことでしたが、はたしてそれでよかったのかという思いがあります。亡くなったときはやはり、温心寮に籍はありませんでした。葬儀に施設長は行きましたが、もし温心寮で亡くなっていれば、みんなに送られていたのではないか、余計な支援をしてしまったのではないか、とも思うのです。

その人は「もう秋山さんに任せる」ということでした。私には、温心寮から出た人をまた戻すことにすごくジレンマもありました。結局、温心寮では難しいという判断もあり、後見人もいるから次の行き先は病院で探してもらおうという話になりました。もし後見人がいなければ、まだズルズルと籍があったかもしれません。いずれにしても、その人にとって何がよかったのかと思うのです。最後のお別れもすごく少人数で、さびしい感じでした。

また、温心寮においては利用者200人の個性があるわけですが、地域に出るとそれ以上の多様な価値観があります。温心寮のなかだと、全体が一つの村のようなシステムで、そのなかのルールもあるわけです。しかし地域だと、その人の部屋に行けばそれは通用しません。ですから、その人の価値観をどこまで受け止められるか、というところもあります。

たとえば、グループホームを利用していた男性で、温心寮の利用者の女性と仲よくなって、駆け落ちのようにして出て行ってしまったケースがありました。周りはかなり大変でした。毎日のように痴話ゲンカをして警察を呼び、警察は来ても「またですか」という感じでした。

最初は、グループホームに女性を連れ込んだということで、グループホームにもルールがありますから、退去を告げました。そのときの選択肢として、一度入院して仕切り直しという話もその男性にはしていましたが、最終的には故郷に帰って行きました。

恋愛がダメというわけではありませんから、難しいところもあります。ただ私としては、もっとほかに支援の方法があったのではないかという思いがあります。その男性も、グループホームではなく一人暮らしが希望でしたが、お金の管理ができなかったことから、やはりそれは難しいと思えました。そんな形でズルズルといって限界がきた、というところなのかと思えます。

秋山昌平

そこでの私の立場も、グループホームであったり温心寮の職員でもあったりするので、いろいろなジレンマがあったケースでした。本当に地域は、いろいろな価値観があって試されます。

私が地域支援に携わった6年の間には、一時入所がどんどん増えました。障害はなく、住み込みで働いていてクビになって行くところないからと、生活保護申請と同時の入所がたくさんあります。その上、一時入所の期限は最長1か月ですから、その人の問題や課題もつかみ切れず、どこまで支援ができるのかという悩みもありました。本当にそんな人がいっぱい来るので、世の中どうなっていくのかと不安になってしまいます。

田中　一時入所は、制度として期間が決まっていることに加えて、仕組みそのものがいわば〝宿貸し〟に毛が生えたようなものなのです。救護施設ですが、そこの職員としてどこまでソーシャルワークができるのかは、あやふやです。ですから、便利な面もあるけれども、すごく難しさも感じています。秋山さんも、そういう意味で何かできたらという思いがあるのだろうと思います。

さきほど、救護の職員はどこに行っても通用するようなことをいいましたが、マルチではあるけども万能ではありませんから、そこは私たちも押さえるべきだと思います。もちろん制度をつくる側の人にもわかってほしいところです。

秋山　施設を出た後がどうなったのかすごく気になりますが、関わりがないから、なかなかわかりません。なかには戻って来る人もいます。なんとか這い上がろうとするけれどもそこに何らかの壁があって、また元に戻ってしまうというサイクルも感じます。それこそ社会における人と人とのつながりが薄いのだろうと思えます。

田中　特に一時入所は「次の住まいが決まるまで」という利用で、次の住まいが決まれば退所です。救護施

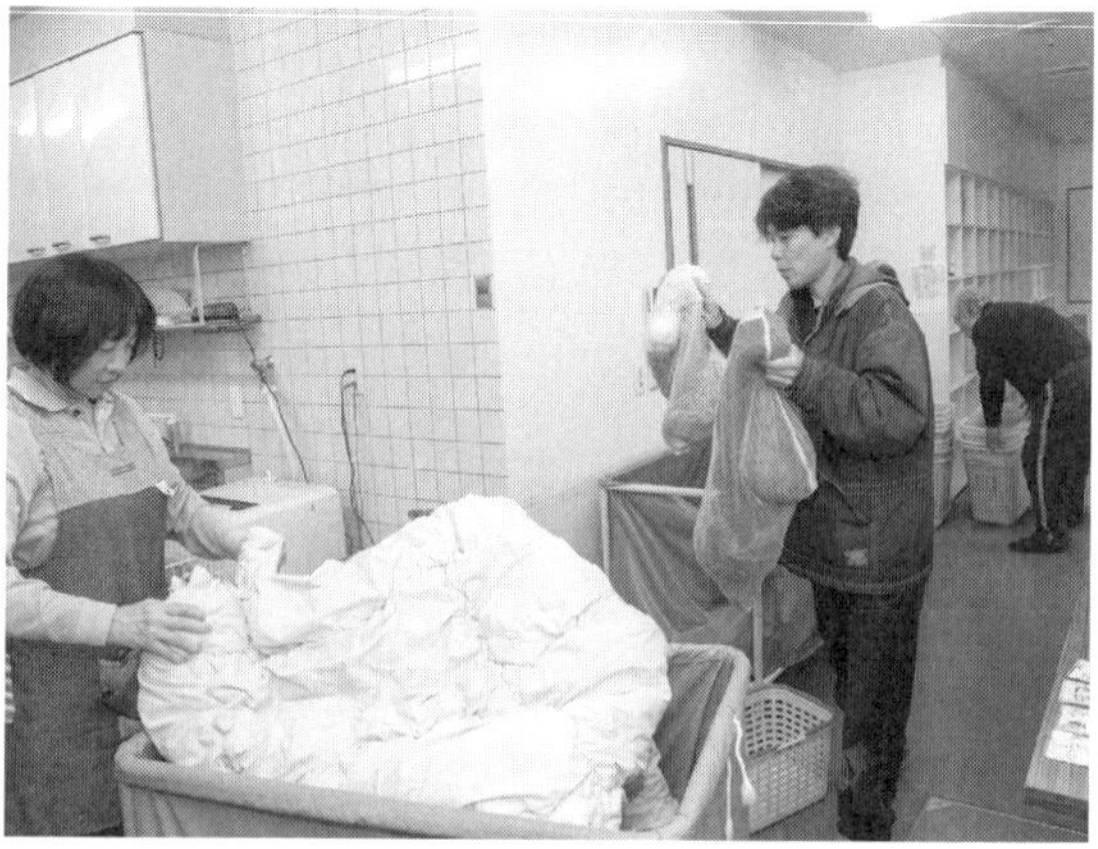

設としての支援はそこで完結ですが、実際には支援が必要な状態は続いています。とはいえそこで救護施設の職員が、どこか居場所を知っている支援者につないでいくのかというと、それもできません。

松木ひ　飯田さんの話も秋山さんの話もすごくリアリティがあって、感じるところがたくさんあります。私が特に感じたのは、いろいろな支援をしようとしている一方で、地域のほうに資源がないことです。全救協（全国救護施設協議会）をはじめとする救護施設の全体的な動きとしては、できる限り循環型あるいは通過型の施設をと主張していますが、肝心の地域に資源がないわけです。

もっといえば、利用者側に選択肢がほぼない状態です。そこに行くしかほかにないような感じで病院や施設が決まっていきます。自己選択とか自己決定がいわれていますが、実質的には「自動販売機はもう売り切ればかりで、残っているのは緑茶だけです」というような（笑）、選ぶことができない状態と思えて仕方ありません。

ですから、確かに地域で一人暮らしができたらそれはそれでいいだろうし、なおかつそこに何らかの支援があれば、多少の障害がある人でも地域生活は可能だと思います。でも、そこまでパラダイスではない。そこを何とか踏み止まって支援をしようとしているのが、温心寮のいまの地域支援の現状なのかと感じたりもしました。

制度をつくる側の人にもがんばってほしいという田中さんの話もありましたが、ここまでの話を聞いて加美先生はどうですか。

加美　大学を出て救護施設に就職したひとりの方と先日会いました。まだ若手ですが、悩んでいて、辞めることも考えているようでした。理由を聞くと「多様な障害や生きづらさを抱えた利用者の支援に関わる日々で、すごく勉強にはなっています。でもこの先、ここで自分がやりたい支援を実現できるのか、専門性を高めていけるのか、先が見えません」というのです。

今日参加のみなさんは自ら望んで救護施設に就職した人が多いのですが、全体的な救護施設の傾向としては、そういう人はあまり多くないのではないかと思います。たとえば「こういうふうにしてみたいんだけど」と話しても、職員間の意識の開きが大きくて話がかみ合わない、ということも少なくないのではないかと思います。

いくつかの施設の職員の方と話をしていても、施設ではやりがいを見出しにくいと感じている人は少なくない、と私は感じています。職員がフラットな関係性で話し合ったり、それをもとに何かを変えていったりすることが簡単ではない環境があるようにも感じられます。

もちろん高槻温心寮でも職場内の課題はいろいろあると思いますが、管理職と現場スタッフ、職員間の関係性が比較的フラットであることが潤滑油となり、新たな取り組みや変化を可能にする環境がつくられてきたと考えます。先ほど高槻温心寮で個室化を実現した話がありましたが、全国の救護施設に先駆けて全個室化を実現させたのも、職員間の議論が土台にありました。

まだ日本では行政側の理解は十分とはいえませんが、いま民間を中心に「ハウジングファースト」*の考えに立った実践が始まっています。しかし、よく考えてみると、温心寮ではある意味で「ハウジングファースト」の理念による支援を先駆的に実践していたともいえます。

「ハウジングファースト」にはいろいろな意味合いがありますが、一つはやはり適切な住居ということです。まず安全で安心で、そこで落ち着いて生活できる場をつくっていく。そのためには相部屋では無理だから、個室によって適切な住居が保障されないといけないという考えは、温心寮は全室個室の取り組みを通して実践していたといえます。いま少しずつ「ハウジングファースト」の理念が広がりを見せるなかで、人間らしい暮らしを実現し、支援の質を高めるには、まず居住環境の個室化が必要と考えた温心寮の取り組みに、時代と社会の理解が合致してきたとも考えられます。

温心寮では全個室化によって居住環境のハード面はかなり整ってきたと思いますが、もう一方の課題は支援のソフト面ではないでしょうか。いま、一人ひとりの「健康で文化的な生活」がどこまで実現できているのかという視点から、支援の現状と課題を検討していく必要があると思います。

10年ほど前と比べ、救護施設利用者の状況はかなり変化しています。新自由主義的な価値観・自立観が確実に浸透してきて、それが利用者の価値観・自立観にも影響を与えていると考えます。たとえば、自分一人の力で生活することを自立と考える個人的で孤立的な自立観がそれです。

高槻温心寮の利用者のなかにも、人に助けを求めることや頼ること、支援を受けることに否定的な感情や「壁」があると感じる利用者は多いのではないでしょうか。一時入所や一時生活支援の利用者だけでなく、入所期間の長い利用者のなかにもニーズが見えにくかったり、自分の弱さ、しんどさを言葉に出せなかったりする利用者も多いと考えます。

加美嘉史先生

スピヴァクという哲学者は、自分のことを語ることができない人を「サバルタン」と呼びましたが、抑圧を受けて生きてきた人、多くを奪われてきた人ほど自分の思いを声に出すことは難しくなります。そのことを改めて考えていく必要があると思います。

さきほど「秋山さんに任せる」という話がありましたが、声を欠く人の声にならない声をどれくらいキャッチできているか、そして、自分の生き方を自分で決めるために必要な選択肢の幅は、どれくらい広げることはできたのか、これまでの到達点と課題を整理していくことが大切だと思います。

まとめると、全個室化の実現は従来の救護施設のあり方を変えていく大きな一歩となったのは間違いないと思います。一方で「自己責任論」が浸透し、しんどさを声に出せない、失敗の許されにくい社会がつくられているなかで、本人の思いや困難性も可視化しにくくなっている。だからこそ、個人の能力を補い合い、支え合う居場所、生き方の選択肢を広げていくことが大切になっています。当事者の自己決定を尊重する支援を行うためには何が必要か、改めて問い直す必要があると考えます。

松木ひ　貧困状態になると声を出せなくなるというのは、本当にそうだと思います。私は旧館時代しか知りませんが、その時代に利用者のグループで懇談会をしても、設備に対するはっきりとした不平・不満は出ませんでした。絶対にあるはずで、嫌だと思っていると思うのですが、「もうこれでいいです。このまま死んでいきますんで……」というような声がほとんどでした。

そういう意味で、まずはハード面で安心して寝泊まりできるところが確保できたといえます。問題はその次です。支援を統括する立場として松木さんは、個室化以降の支援について、課題も含めてどんなふうに感じていますか。

＊ハウジングファースト＝治療や就労支援を受けることや、何らかの施設に入って集団生活を送ることを条件とせず、安定した住まいを得たいという希望があるならば、住まいを得ることの支援を優先する支援方法。ホームレス状態にある人などへの支援方法として、米国で開発され、世界のいくつかの場所で実践され、成果をあげている取り組みの一つ（稲葉剛・小川芳範・森川すいめい編『ハウジングファースト〜住まいからはじまる支援の可能性』山吹書店、２０１８年）。

③ 個室化以降の支援の課題

松木ま　温心寮を建て替えたとき、個室と同時につながりをつくることも大事にしないといけない、と設計段階からずっと話題になっていました。もちろん利用者から「4人部屋から一人になるのはさびしい」という意見もありましたし、実際に設計段階では「2人部屋をつくろうか」という話もありました。

しかし、やはり一人がまず基本だというところに落ち着き、同時に温かみが感じられてさびしくないようにと、それぞれフロアにデイルームを設けました。いまそれがうまく機能しているところもあれば、そうでないところもあるのですけれども……。

確かに旧館時代は否応なく、利用者同士のつながりはできました。職員も「この（4人）部屋の担当の○○です」と、4人とのいろいろなやりとりのなかで支援に関わるところがありました。

個室になるとどうしても、職員と利用者という一対一の考え方になっていきます。個別支援を大事にしようとするとき、個々の人を大事にすることももちろんですが、集団を総体として大事にしないといけません。しかし支援を組み立てていくなかで、そこが非常に難しい。支援の組み立て方の問題もあると思いますが、「支援員である私と利用者○○さん」という感じになり、それを一生懸命しないといけないから、みんなでやる何かはおろそかになる、という状態にいまなりかけています。これを逆にしたい。それぞれの戻れる場所があるけれども、そこから出てきたら、茶話会的なものなど何か魅力的なものがある、という形です。

懇談会の話も出ましたが、旧建物の時代と比べると懇談会の開催回数はかなり減っています。というのも、「行ったからって別にいいたいこともないし……」と、利用者自身が懇談会に出る意味を見出せないからです。支援として、利用者の思いを引き出す仕かけを組み立てないといけないと思っています。

その際に、利用者の多様性に加えて支援体制にも課題があります。温心寮にはいろいろな病気を抱えている利用者も多い上に、特別養護老人ホームなどと違ってそもそも家族がいない人も少なくなく、朝から職員が受診に付き添い、終わるのが夕方になることもしばしばです。そのため、施設で日常生活の支援をするスタッフがどうしても手薄になり、そこがいま大きな課題になっているのです。

かといって、病院に行かないわけにもいきません。手術が必要ならしないわけにもいきません。本人が行きたくないといっても、どこまで行ってもらうかはまた別の課題としても、やはり行かないわけにはいきません。少し整理をする必要はありますが、受診があって大変だから何もできないとは錯覚しないようにする必要があると考えています。

それと、地域に出るといろんな価値観に出会うという話がありました。秋山さんはきっと自分が揺さぶられる体験をたくさんしていると思います。

救護施設の本体のなかにいると、やはり日課があって食事の時間も決まっています。そこからはみ出る人もいます。はみ出てもいいと思いますが、やはり許容範囲があります。そこをどう理解するのか、職員には構えが必要です。たとえば、利用者が友達に会いに行って夜10時に帰って来るのをよしとするのかしないのか。それは誰ならよくて誰はダメなのかという線引きはどうなのか……。

温心寮は外部侵入対策も含めて、夜7時半に全館施錠します。ただ、夜に断酒会などの集まりがあると利用者が夕方出かけて行って、10時頃にインターホンを鳴らして「ただいま」と帰って来ます。では断酒会ならいいのか。友達に会いに行くのはどうなのか。家族に会いに行くのはどうなのか。そのあたりの価値観を揺さぶられることになります。

本当はもっと揺さぶられてほしいとも思っています。案外そうではなくて、職員はつい「外出は7時半までになってますから」といってしまいます。もちろん、基本はそうなのです。けれども、なぜその人がそうなのかを理解しながら対応していく必要があると思うのです。個別の価値観と施設のルールの議論は、やり過ぎると空中分解しそうですが、温心寮が現状そういうあり方なので、それを理解した上での対応が必要かと思っています。

それから一時入所の人で、人工透析をしている人をどう支援するかというケースがありました。一時入所は1か月間の期間限定で、正規の利用者とは別の場所で寝泊まりしています。夜も出入りできるし、タバコも自由で、食べものや飲みものも制限していません。いわば自己責任です。

でもその人が「温心寮に入りたい」と希望すれば、「温心寮の利用者さんということになったら、私たちは健康を第一に考えるので、いまのように夜にちょっと出かけるとか、何々を食べたいから買いものするということは、基本的には控えていただくことになりますよ」と説明することになります。

このように自由度が高い一時入所は、夜中に働きに行く人も寝泊まりするところとして利用しています。だから職員も、一時入所の利用者がどうしてこんな生活なのかというところから、振り返って施設の利用者のことを考えて揺さぶられるといいとは思うのですが、なかなか難しいところです。

一方、施設を運営するためには、一定の安心と安全の保障のために、利用者を私たちの手に乗る枠にはめようとする思いが、どうしても出

てしまいます。先の駆け落ちの話も、私はいま統括する立場ですから「本人がしたいのやったら、仕方ないのと違うか」と思うのですけれども、直接の担当職員はどうしても「どうしてあげたらいいだろう」と考えがちです。

やはり人生はその人のものです。「こうしたらいいよ」とはいえても、その人が一番したいこととの関係でどうなのか……。温心寮にも、ホームレスから入所して、またホームレスに戻る人はいます。安心・安全と窮屈さを天秤にかけ、自分らしく生きられる場所を優先した結果、出てしまうわけです。ですから、本人の人生を本人に返すときには、支援者として何が求められるのかと考えてしまいます。

個室になったからそれでいいわけではないという飯田さんの問題提起は、とても大事だと思います。だからこそ、温心寮のなかでいろいろな人のつながりをつくることで、外に出ても信頼関係をつくれるようになっていかないといけないし、少なくとも職員との間での信頼関係を切り結べるような関わり方をしていかないといけないと思っています。

松木ひ　私も学生時代の就職活動で、恩師から「施設見学をしたときにどこを見たらええか。建物にだまされるな」といわれました。見るべきは食堂とリビングだと。食堂やリビングで利用者がくつろいで、将棋をさしたりテレビを見たり、なんやかんやしながら楽しく過ごしている施設はいい施設だと。反対に、食堂が時間限定でその時間以外は入室禁止だとか、あるいはリビングやデイルームが布団置き場になっているような施設は、ちょっと息苦しい施設かもしれない、というような話でした。

そういう意味で温心寮は、建て替えのときにこだわりをもって、単に個室にするだけではなくデイルームをつくった。それが活用できるかどうかはともかく、そういう思いがあったわけです。

ただ、利用者の障害や病気がすごく細分化していたり、あるいはそもそも社会的に孤立した状態でかろうじて保護された人が増えていることもあったりして、みんなで何かをしようというところがおろそかになってきているという話でした。

施設には何といっても安心・安全がまず求められますし、個室であったとしても集団生活には変わりありませんから、集団生活の限界のようにも思えます。フロアで実際に利用者と関わりながら、限られた条件のなかでこんな工夫をしているということはありますか。

山田　多様性を受け入れていると、やはり個別性はそれなりに高まっていくけれども、それを集団にというスキルにつながっているかというと、そうはなっていません。だから職員集団としても、集団のスキルアップみたいなところになかなかなっていってないところが課題だと、私は思っています。それをどう積み上げていけばいいのかは難しい。でもそれが少し積み上がっていけば、ハード面で個室になってゆたかな上に、支援力も高まったらソフト面でもゆたかになる。そういうことが職員間でいえたらいいと思っています。

とはいえ、利用者間の関係づくりなど旧館と違って、私たちが意図的に仕かけないといけない環境になっていて、日常的に意図してつながりをつくる機会を提供する工夫は、できていないのが現状です。人間関係のゆたかさは、生活のゆたかさとも深く関わると思っていますので。

松木宏史先生

松木ひ　利用者一人ひとりの個別の受診に付き添わないといけない時間的な制約と、もう一つは職員の数ですね。個室化すれば本来、支援が細分化されますからその分人は増やす必要があります。しかし救護施設の最低基準でハッキリと人数は設定されていて、そこから先は各施設の努力ということになってしまいますから、そこの難しさが根底にはあるように感じますね。

❹ 救護施設の配置人数の基準と実態

田中 救護施設の最低基準は本当に前のままです。温心寮は、国が定めている救護施設の基準以上のものをつくりましたから、その時点ですでに支援の難しさを背負って我々はスタートしています。

その点については、けっこう昔からおる者としては、勢いでいったところがあって（笑）、十分議論した記憶はないのです。私たちが考える現代の健康で文化的な最低限度の生活保護の救護施設はもう個室やで、と……。

実際、図面を見たときに「こんなに広がるんか」「人はどうするねん」「動線はどうやねん」という議論は確かにありました。そして建て替え当時、私は現場の主任でしたが、誰も手をあげなかったことから、私が新しい建物の働き方の基礎をつくったようなものでした。古い建物の、いまでいうユニットをそのまま移しながら、人の働き方をなんとか組み立てました。

その時点で、すでに無理を抱えていた部分はあります。一人部屋になって部屋としてはゆたかになったけれども、支援もゆたかにしようというところは、しっかりとした方針をもっていたわけではありません。共有部分もゆたかにという議論は確かにしましたが、そこでどう支援を組み立てるのかは、やはり弱点がありながらずっと経過しているような気はします。

ただ、「個室化＝個別化」であって、多様な利用者に即した個別支援という点は、その時点である程度打ち出していました。その上で改めてなにがしかの集団的な取り組みというところには、なかなかたどり着けない部分があるかと思います。

むしろあの頃は、大部屋からやっと一人ずつの部屋ができて、みんながそれぞれ別だというところにようやく立てた喜びが先に立っていたように思います。ですから、支援をどう考えるかというところは、まだまだ道半ばなのかもしれません。

なお、温心寮は最低基準以上の職員を置いています。それを前提にした話で、基準以上ではありながら、それでもまだ求められる水準に追いついていないということです（別表1）。

松木ひ　スタート時点ですでに無理を抱えていたところがあり、職員が思うように増えないなかで、とにかく利用者の生活を優先させる形で建て替えが進んでいった。その一方で、利用者の障害も多様化して支援の質も高く求められるけれども、最低基準以上とはいえ不十分な人数というしんどさのなかで日々仕事をしなければならない状況、ということかと思います。

吉本さんはいま主任ですが、担当のフロアやエリアのなかで、日々の仕事の人手不足は、どのへんに一番しわ寄せがきていますか。

吉本　しわ寄せが一番いくのは利用者かとは思います。やはり話を聞いてほしいときにそこに職員がいない状況は、特に4階や5階ではあるとは思います。3階は介助、介護が必要な人が多いので、非常勤を含め必ず誰か職員がいるようにしています。配置人数が少ない日に受診付き添いがあれば、4階、5階の職員が行かざるを得ません。そうすると、場合によっては4階、5階に職員がゼロという時間も出てきます。

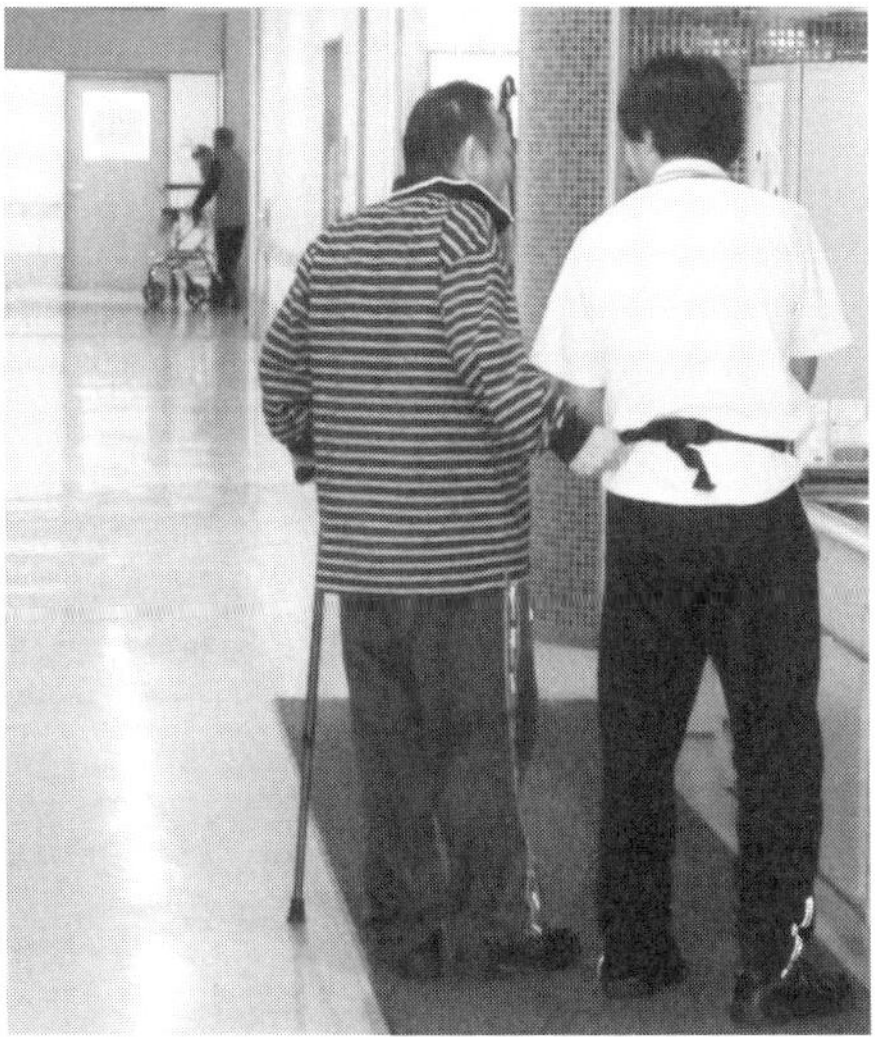

これは2018年度からの日課再編で少し改善しています。これまで作業を担当する職員がまんべんなくいたところを、専任職員にしてそこに集中させ、その代わりに作業に参加する利用者の人数も少し絞りました。その点では利用者にも影響が出ていて、本体に利用者が少し残る状態にもなっています。やはり、どこに集中するかで影響が変わってくるとは感じています。

職員目線だと、一人ひとりにかかってくる責任感や重圧でしょうか。以前は、たとえば同じフロアの職員で相談して対応を決めることができたと思いますが、それを一人で判断しなければならない場面がおそらく増えていると思います。それを前向きに捉えられる職員もいれば、利用者の人生に関わるような判断をしなければならないのが苦手だという職員もおそらくいると思います。

松木ひ　こっちにいる人をあっちに動かして、あっちにいる人をこっちに動かして、という感じでしのいでいると……。

吉本　勤務表を組むときはそういうイメージです。早出と遅出をうまく組み合わせるなどして、そのフロアにトータルで人がいるようにしていますが、臨時の受診などが入ってくると、思ったようにうまくはいきませんから、難しいと思っています。

だからやはり、現場の利用者の実状と人数の最低基準との関係はどうなのかと感じるところはあります。もちろん温心寮は基準以上にかなり入れているのですが……。

松木ひ　救護施設を語るうえで欠かせない言葉ですが、いわゆる「廃人」といわれるような人たちをとにかく収容保護していた時代から人数の基準が変わっていないことのシワ寄せが、この21世紀の時代に、先進的にいろいろ取り組んできた温心寮でも、やはりボディーブローのように効いてきている部分はあるように思います。この、実態からかけ離れた基準であるというところは、押さえておくべきところでしょう。

飯田さんは実際にフロアで働いていて難しさを感じるようなことは何かありますか。

飯田　もっとゆったり関われたらいいのに、という実感はあります。どうしても、決められた時間内にこれとこれとこれをして、同時に次はあそこに行ってあれをしてと考えながら動いていると、たとえば倒れた時や転んだときには駆けつけるけれども、普通に生活している時間に特に問題がなければ利用者の日常には関わりにくい状況です。

もちろん「困ってるよ」といって、いない時間までずっとつきっ切りでいる必要はないとは思いますが、そういう時間も共有できたら、それこそ困ったときに対症療法なことではなくもっと支えになれるのではないか、という思いはあります。

松木ひ　もしかしたらそのあたりも、個室になったからこそ意図的に交流するような機会をつくらないといけないけれども、なかなかそういう時間もないというところと、つながっているような気はします。やはりどうしても仕事は命に関わることから優先順位がつきますから。

5 パフォーマンス・フェスティバルで大賞をとった利用者

加美　飯田さんは、利用者にどういう暮らしができたら自立といえるのか、一番理想的なのはどういう暮らしだと考えますか。

飯田　ＡＤＬ的には４階、５階の利用者は地域で生活できる人も多いと思います。でもそれが難しい要因として、心の問題で外に出る自信がないという人もけっこういるように思います。その人たちの自信を支えられたり不安感を取り除いたりすることが日常的に少しずつできたら、「じゃあ、がんばってみようかな」というところまでもっていけるのではないかと思うのです。でも自信をつけたり不安を取り除いたりするのは1日ではできませんから、日々の生活のなかでそれを支えていけたらいいなと思うのです。

具体的に、私が最近よかったと思っていることがあります。温心寮のパフォーマンス・フェスティバル（パフォ・フェス）で、いつも自信がなくて自分で自分のことを決められなかった女性が大賞を取ったのです。決断することが難しい彼女にとって、これまでそういう脚光を浴びるような時間があっただろうかと思うと、よかったと思いました。

吉本　自立ということは、自分で決められることに直結していると思います。そういう意味で、パフォ・フェスに彼女が出て歌うことは、最終的には自分で決めた。でも、パフォ・フェスに出て歌うというレールを敷いたのはたぶん職員であり、これまでの長い歴史を誇る温心寮のパフォーマンス・フェスティバルというイベントだったのだと思います。

職員の、自立をサポートする仕事とは、そういうところかと思います。その人がしたいことをどういうふうにかなえていくのか、そのためのレールを敷いたり、やり方の手助けをしたり、場合によってはいっしょに歩いたりして、その人の思いをかなえるサポートしていく……。

ただ、救護施設という枠組みでそれを全員にできるかといえば、なかなか難しい。それは人員配置の問題や、その人が抱える背景や障害なども影響します。それが自立の難しさや自立自体をわかりにくくしているところかと思います。

こうしたことにもっと取り組めたらと思います。その継続が地域支援にもつながると思います。その支えがないと温心寮から出て行けるような支援ができないと思うからです。地域支援にもずいぶん長く力を入れてきていますし、そういう意味では温心寮トータルでもっと力量を上げて、その人が望む暮らしを支えられたらいいのではないかと思ったりもしました。

山田　パフォーマンス・フェスティバルのエピソードは私にとって、働いているなかでの喜びの一つでした。まず1か月前に、出場する人のエントリーが始まります。そのときに彼女は決断したのです。でも決断してエントリーしたものの、「やっぱりどうしよう。出んとこかな、出ようかな……」という1か月間を彼女は過ごし、それに職員も話を聞いてつき合っていました。

決断して自分の力で進んでいく。職員は、それに対して助言はするけれども「決めるのはあなたですよ」という支援を、彼女の特性上ずっと続けてきました。迷っているけれども結局はどうするの、と様子を見ながら彼女を見守るわけです。

そして、フェスティバル当日の開会直前でした。

「私エントリーすることになってるけど、なんでですか？」

「えっ……。そもそもエントリーして出るかどうか悩んでいることは聞いてたけど、エントリーを取り下げるっていう話をしてましたっけ？」

といったのですが、そこでも彼女はまだ出るかどうか悩んでいました。

「もう最後ですよ。あと数分であなたが歌う番ですよ。どうしますか？」

「じゃあ……、やってみます」

そういって、彼女は「世界に一つだけの花」を歌ったのです。

歌い終わった彼女に聞きました。

「後悔どれくらいしてます？　その決断に対して」

「達成感しかない」

山田優

そう聞いて、よかったと思いました。それに加えて大賞を取ったのですから、私は「やった！」と驚喜しました。

この経験が彼女にとって、悩みながらも自分が決めたことが形になった成功体験として何か影響があると、私はとてもうれしい。人生にとって施設のパフォーマンス・フェスティバルで大賞を取るなんて微々たることかもしれませんが、こうしたことは彼女の話のなかでもあまり聞いたことがなかったことですから……。

ステージに立つことさえ、彼女にとってはすごいプレッシャーだったと思います。人はどうしても一人では生きていけませんから、助けを借りながらも、自分らしい生活を送ることが自立なのではないかと、私は思います。

松木ひ　熊谷晋一郎さん（東京大学先端科学技術研究センター准教授）の「自立とは依存先を増やすこと」という言葉がありますが、それを地でいくような話ですね。本当に引っ込み思案でどうしようか、ああしようかと数分前まで悩んでいる人が大賞を取るわけですから、私が担当していたら泣いているかもしれません（笑）。

前半は施設や集団生活のしんどさが話の中心でしたが、いまの話は施設ならでは、施設だからこそできた関わりという気がします。

田中　私はその日にたまたま出張でしたが、話は聞いています。私は私の立場でその利用者と関わっていたので、一つのきっかけになればいいと思いましたし、支援する側としても元気の出る話です。

どこにどれだけ文化活動があるのかはさておき（笑）、このパフォーマンス・フェスティバルは高槻温心寮の1年の文化活動の集大成です。どの行事でも利用者が主人公になるようにしないといけませんが、そこを引き出したのがよかったと思います。いつものように審査員ができなくて残念でしたが……（笑）。

❻ 確認できた温心寮のいま

松木ひ　温心寮の現時点のいいところと改善していくべきところを再確認することができたかと思います。最後にひとことずつお願いします。

秋山　いまの話もそうですが、見守ることがすごく大事で、そこが温心寮のいいところであり、ゆるいところでもあると思います（笑）。地域支援でも、自分たちの価値観が通用しないから利用者に合わせて見守るしかありませんが、そんななかでも少しずつ変化が見られるところがすごくおもしろいと思っています。聞いていて、それは温心寮のフロアでも同じなのだと思いました。

前の本に、温心寮の利用者は明るい、それは利用者も職員も生きいきできる施設だから、というようなことが書いてありました。私もここに来て、すごく明るい施設で居心地がいいと感じています。

地域支援で思っていたのは、見守っていながら適切に関わっていけるスキルが必要だろうということです。その加減が難しいところですが、それは地域支援でもフロアでも同じなのだと思いました。

松木ま　お墓の話が出ていましたが、私は立場上、温心寮で亡くなった人を見送るときに、家族や福祉事務所などいろいろなところに連絡することがあります。病院で亡くなった場合は、あと数週間温心寮の在籍であれば、温心寮で葬儀ができたのにとも思います。

家族を亡くした利用者もいます。前の本にも書いてあったと思いますが、私が総主任をしていた6年の間にも、家族を亡くして身寄りがないと思っていたら、その利用者が亡くなった後に福祉事務所が戸籍をたどって家族を見つけ、その家族が訪ねて来たことがありました。

また温心寮では、利用者も含めた家族が抱えている課題についても職員が頭を悩ませ、利用者を支えることで家族も支えているようなところがあります。それもやはり温心寮だからと思うのです。

精神障害を抱えている利用者の家族は、家族自身が地域で自立して生活できているかというとギリギリだったり、入退院をくり返していたりする場合もあります。利用者が「温心寮に入れてよかったわ」という一方で、家族は本当にしんどい生活をしている面があります。

そして、家族が自分と利用者の暮らしぶりを比べて「いいな」と思うと、いまの世の中の生活保護バッシングと同じ話になっていきます。自分らはこんなしんどい生活しているのに、ここでご飯3食食べられてタバコも吸えて、パフォーマンス・フェスティバルなんかもあって、カラオケにも行って「ええ暮らしやね」といわれてしまうのです。

ですから、もっとゆるい救護施設のようなところがあって、自分の部屋があって、ご飯は食べに来たらいいけど、食べたくないときは食べなくてもいいし、病院に行くならついて行きますよ、くらいのところがもうちょっとあったらいいのではないか、とも思ったりします。

一時入所の部屋は、かなりそれに近い状態です。安全確保があって、ご飯が出てきてお風呂に入れます、というだけですから。いま国では、貧困ビジネスとの関係で何かと話題になる無料低額宿泊所について、基準や支援の中身についての検討が行われていて、救護施設としては、その議論とどうつながっていくのかは注視しないといけませんが……。

その人を通して社会を知るという意味では、温心寮は利用者だけでなく家族も見ながら、常に何か新鮮なことがあって学びがすごく大きい。だからこそ仕事としてやっていけます。

本人を証明することも本当に難しくなっています。でも、措置の施設だからできることはまだたくさんあります。本当にその人に行くところがなかったら、救護施設に来れば、温心寮の職員だから代わりに何かできることもありますが、契約の施設だとできないこともたくさんあります。

たとえば行政の手続きも、温心寮の職員が「この人がそうです」と証明することでできている部分はたくさんあるのです。地域に出て行くときに必要な制度の利用についても、障害福祉や介護福祉ともやりとりをしながら、制度を変えていくまでいかなくても使いやすくする関わりを、職員は日々いろいろな形でしています。

また、温心寮は対象地域が広域で、行政も一つではありません。各行政でやり方もさまざまですから、一番いい方法を握っておいて「こんなふうにしてもらえませんか」と交渉していくのも、温心寮だからできるダイナミクスだと思っています。

たとえば、利用者が亡くなったときの葬儀費用に充てる葬祭扶助も行政によって運用はさまざまですから、そういう場面ではいつも一番いい方法を提供してもらえるように交渉します。「もうしてもらえない」と思ってしまうと先に進みませんから、交渉して少しでも利用者、家族のためになるようにしたいと思っています。それは、ひいては生活保護を利用している人にとっても「あ、そんなふうにできるんや」ということにつながります。直葬が当たり前になるいまの時代ですが、そのなかでもせめてこれくらいはというところで話ができたら、少しはいいのではないかと思っています。

飯田　私は、もう少し利用者の日常に関わりたいと思います。温心寮にはゆるさもあるといわれて、それは確

飯田葉子

かにあるとは思いますが、でもやはりせわしない毎日で、職員にとってはどうしても時間刻みで動くことになります。そうなるとそっちに目がいって、利用者を見られなくなることが多いのがもどかしいのです。

吉本　いま入所も担当しています。入所希望者が生活保護のソーシャルワーカーといっしょに見学に来ると、その案内もしています。少なくないワーカーからハードについてほめられます。個室であったり、木を主体につくっているぬくもりであったり、お風呂も広いしと……。入所希望者に「ここ以上のところはないですよ」と話していることもよくあります。施設に働く者としては非常にうれしいことで、自分自身もその通りでありたいと思いながら仕事をしています。

ここまでの話を、マズローの欲求の段階説をイメージしながら聞いていました（図）。たとえば下層である安心・安全の欲求や生理的欲求は、温心寮のハードならたぶん入所時点で満たされると思います。本来なら高次の欲求である尊厳や自己実現の欲求というところまで支援できたらいいのでしょうが、実は私たちは真ん中で三番目の社会的欲求の時点でつまずいているのだと思います。その部分がまだ、新しい建物になってから支援として成熟し切っていないわけです。下層の部分が満たされている分、その上はやはり意図的に上げていかないと支援として不十分だと、いまの話を聞きながら感じました。

そのなかで、社会的欲求もうまく折り合いがつけられる人が、居宅訓練も「やってみようかな」というところに自然にたどり着き、地域に出て、それなりに生きいきと生活できるのかと思えます。それはあくまでも、たまたま利用者に力があったからで、全員にそれができるわけではないと思うのです。

けれども今後、せめて真ん中の社会的欲求のところは、人とつながってうれしい、誰かがいてくれて幸せ

別表1　職員定数基準と現在員（2018年4月1日現在）

	定数（国基準）			現在員		
	国基準	加算	基準計	常勤職員	臨時·契約	現在員計
施設長	1		1	1		1
医師	1		1		2	2
主任生活指導員	1		1	1		1
生活指導員	1	4	5	12		12
介護職員	33	3	36	27	10	37
介助員	1		1		1	1
看護師	3		3	4		4
栄養士	1		1	2		2
調理員	5		5	8	2	10
事務員	2		2	3	1	4
理学療法士					2	2
運転手					1	1
その他					2	2
世話人					9	9
計	49	7	56	58	30	88

図　マズローの欲求５段階説

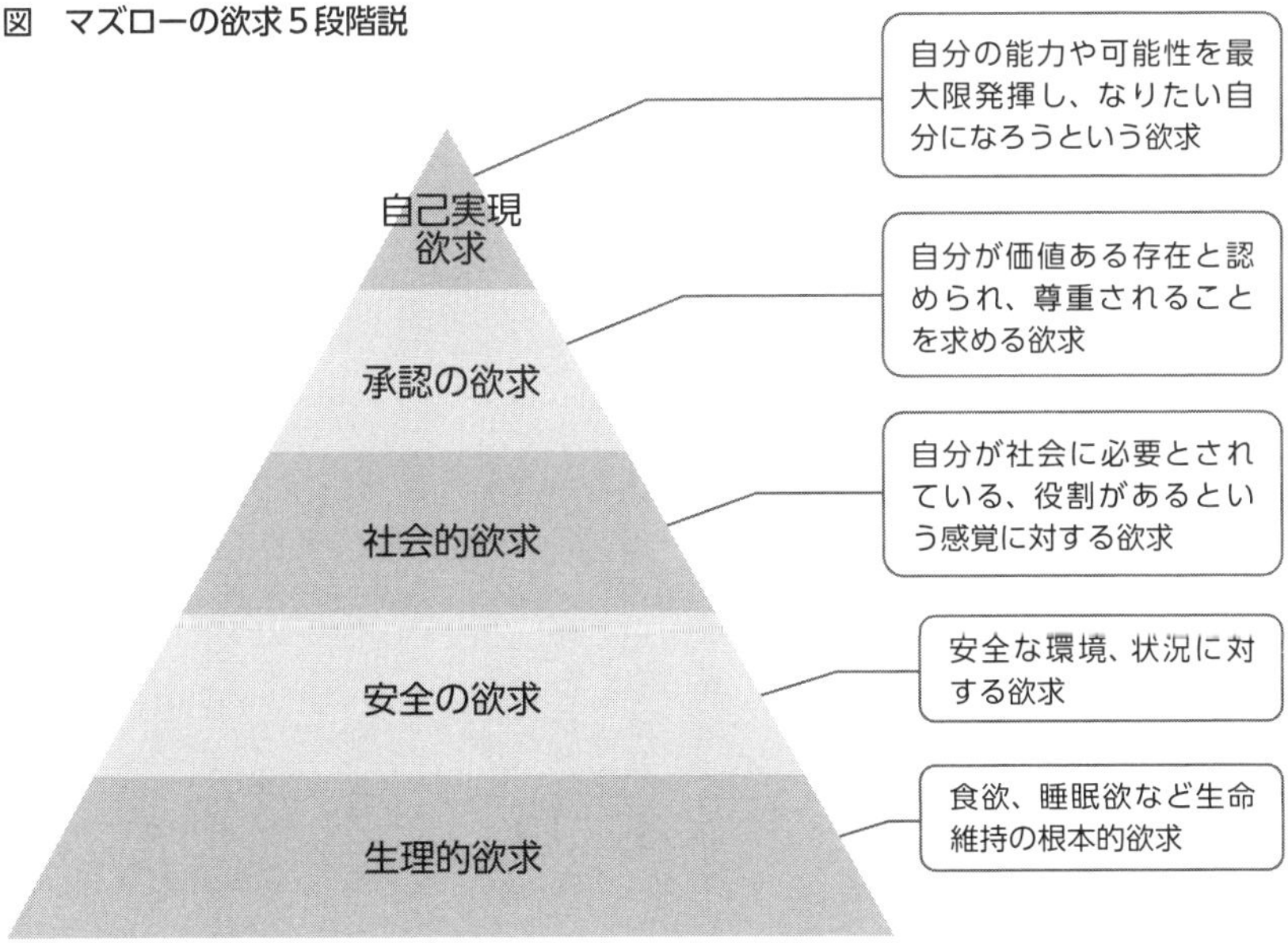

だという気持ちにたどり着けるような支援ができていけばいいと、この先何十年かを思い浮かべながら考えました。

山田　私は就職して11年目ですが、この編集委員会はその間の振り返りをする機会になったと思っています。でも、こんなことをやってきて、こんなことができたということがあまりなくて（笑）、思い出されるのはしんどいことばかりで、自分の力不足を感じたことでした。

けれども原稿を書いていくなかで、私はこんなことをしていたという気づきにもなって、これから先働いていくモチベーションになってきているのを、終盤になってようやく感じています。

田中　生活保護法に書いてある通りでいうと、かつての救護施設はいわゆる「廃人」の、著しい欠陥がある人たちを収容する施設でした。収容主義ですから特別な支援はせず、そういう人たちに食わせて寝かせるだけだったと思います。そういう人たちがそもそもの利用者ですから、相模原の津久井やまゆり園で起きた殺傷事件の話ではありませんが、私たちの支援は、いわゆる生産性だとか費用対効果などから最も遠いのではないかと思います。

温心寮のゆるさの話もありましたが、ゆるさは裏返せばゆとりですから、それはとても大事です。基準以上に加配している話もしました。確かにせわしないし、特に利用契約制度になってから、あれもこれもしなければならない時代になっています。そういう支援がはたしてどうなのかという議論も裏返せばあります。そういう意味では、あまりガチガチでないのが温心寮のいいところでもあると思います。

そういうなかで大事なのは、やはり我々の支援の意味づけだと思います。私たちはそこを問いながら実践してきましたし、多様な利用者で、費用対効果など何も求められないところでつくってきたところに温心寮のよさが、ゆとりも含めてあるのではないかと思っています。そういう温心寮のいまのありさまを確認できたような気がします。

❼ 矛盾が見えることが大事

加美　以前、ある学生がある施設で社会福祉士の実習をしました。その施設は相部屋でしたが、部屋でお経をあげたいという利用者がいて、実際に部屋であげていたそうです。ところが同室の人が「迷惑だからやめさせてくれ」といったことをめぐるやりとりが実習簿に書かれていました。

考えさせられたのは、職員の方のコメントでした。信仰は本人の自由であるからやめさせたり、読経の時間や場所を制限することはできないという意見もありますが、やはり施設としては「集団生活にはルールがあり、他人の迷惑になるような行為は認められず、読経の場所、時間などは取り決める必要があります」というコメントが書かれていました。

この件について、私はあとで実習簿を読んで知ったのですが、実習生はどう受けとめ、理解したのか、後になっていろいろと考えてしまいました。

もし私がその施設の職員だったら、やはり判断は難しく、「他の利用者の迷惑になるので、部屋ではお経をあげることは、ある程度ガマンしてください」と、もしかしたら利用者にいっていたかもしれません。「心のなかで念じてください」と（笑）。

この話は、施設という集団生活の場所で個人の自由が、どこまで認められるかという個人的問題として表れていますが、背後にはやはり、いまの施設が抱えている制度的な問題、最低基準などの問題があります。そのとき、その矛盾に職員同士、職員と利用者がどのように向き合い、対話することができていたか、また、その矛盾や葛藤を実習生にどのように伝えられていたかが大切だと思います。現状ではすぐに解決できないかもしれない。でもどうしたらぞれぞれの利用者の自由と幸福を少しずつでも実現できるのか、という議論がなされていたかどうかが大事だと思いました。

つまり、矛盾や葛藤を可視化させることが大事だと思います。利用者の「自由と幸福の実現」とその一方で施設に求められる集団生活における利用者管理、相部屋を前提にした最低基準の問題といった矛盾。その狭間での悩みや葛藤を出し合って、考えていくことに意義があると思います。モデル事業の実践報告のような「うちの施設ではこんないい実践をやっています」という報告よりも、矛盾や葛藤を出し合い、話し合うことの方が、実は価値があるのではないかと思います。

それから今日は自立についての話もありました。先に出た東大の熊谷先生が「自立とは依存先を増やすこと」という言い方をしていて、それは社会福祉の領域ではある程度、理解は広がっているのですが、世間一般的な理解は自己責任論がベースにあり、難しい。自立っていったい何なのか、もう一度問い直す機会になることが今回、本を出す意義の一つではないかと思います。

いま「自立」も「自律」も個人主義的な捉え方になっていて、全部自分一人でしなければいけないと思っているから、自分の弱さをなかなか出せないわけだと思います。

そこで救護施設で何ができるかを考えると、やはり居場所的なものをつくっていくということだと思います。哲学者の吉崎祥司さん（北海道教育大学名誉教授）は、「共同的自立」や「依存的自立」という自立の捉え方をしています。人間という存在は一人で生きられない。すべての人は相互に助け合って生きている。そこに人間としての価値がある。これからめざす自立のあり方として、この「共同的自立」「依存的自立」といった捉え方は大事だと思います。そうした自立観の具体的な実践が、共同性を育む居場所づくりではないかと考えます。

一人ひとりが孤立し、個人主義的な自立になっている新自由主義的な社会の関係性をつくり直していく。そこがめざす一つの方向だと私は思います。

最後に居場所の話ですが、ひきこもり支援をされている森田義也さんが最近ある新聞に書かれていたことを少し紹介させていただきます。森田さんは、いま居場所が重要視され、注目されているが、そうした居場所が「何かをさせようとする場」にはなっていないか、という問いを書かれていました。

「居場所」での支援が、何かをさせるための支援、何かができるようにするための支援になってはいないか。何かをさせようとする支援は、それができる人はそこが居場所になるけれども、それができない人にとっては居場所にならない。居場所が「ただ居ていい場所」でなくなり、そこに適応できる子の場所になってしまう。だから居場所は、何かをさせる場所ではなく、「ただ居ていい場所」であることが大切なんだ、と書かれていました。

温心寮の利用者のなかには過酷な過去を背負って生きている方も多いと思います。虐待やDVから逃れてきた人も多く、精神障害の背後に過酷な体験がある人も多いと思います。だからこそ、ただそこに居てもいいという環境をつくることが、リカバリーしていく力になっていくのではないかと思います。

救護施設での支援や地域の居場所も人間を再び選別する場になりかねない。そういう難しさ、危険性もあることを意識しながら、支援していく必要があるのではないかと思いました。

松木ひ　これまでの編集会議では、援助に対する思いや利用者に対する支援観などを話す機会がありませんでしたが、この場が改めてこの本を出す意義や温心寮の現在地を確認する場になったかと思います。本文のなかでは書き切れなかった編集委員の思いも、発言のなかに詰まっていたと思います。ありがとうございました。

提言

これからの救護施設を考える――〝当たり前〟を問い直す

加美嘉史（佛教大学社会福祉学部教授）

2018年のカンヌ映画祭でパルムドールを受賞した映画「万引き家族」が描いた家族とは、地域とのつながり、行政や民間の支援といったものとは無縁なところにいる、いわば〝見えない人びと〟でした。

こうした〝見えない人びと〟は社会の至るところに存在しています。2018年1月に東京都が発表した「住居喪失不安定就労者等の実態に関する調査報告書」（東京都保健福祉局生活福祉部）によると、ネットカフェや24時間営業の飲食店などで寝泊まりしている者は都内に約4000人と推計されています。そして、ネットカフェ生活者らに実施したアンケートでは、「悩み事などを相談できる人は誰もいない」という回答が41・3%を占めていたことが報告されています。「助けを求めるのは弱い人間」といった自己責任論の浸透によって〝見えない人びと〟は静かにつくり出されていると考えます。

こうした〝見えない人びと〟は〝サバルタン〟（従属的社会集団）と連なる存在だと考えます。スピヴァクはサバルタンを「自らを語ることができない者」と呼びましたが、しかしそれは、サバルタンが感情をもてずに「内的な生活を奪われている」のではないといいます。サバルタンの語りを解釈する「他者」という存在によって覆い隠されてしまうため、「自らを語ることができない者」に置かれているといえます。サバルタンは態度によって抵抗を表していても、「他者」からは「抵抗が抵抗として認識されない」と指摘しています（Spivak 2008: 81-83）。

「生活保護は受けたくない」「施設はしんどい」という思いも、スティグマを受け入れ、管理・監視の対象者となって介入を受けることへの「抵抗」であるといえるのではないでしょうか。

戦後の社会保障・社会福祉は、「労働者としての市民」（商品化された男）と「ケア提供者（主婦）としての市民」（家族化された女）を対にした「標準家族」を〝近代家族モデル〟としてきました。この近代家族モデルは、資本主義社会における資本蓄積（資本制：生産レジーム）と家父長制（再生産レジーム）という近代的福祉国家の二つの環境を反映させた家族モデルでした（武川 2007: 22-28）。

「標準家族」モデルは家事、介護、子育てといった再生産労働を、「ケアの提供者」として性別役割分業で主婦が担うことを前提にしていました。しかし、近年は非正規雇用の政策的拡大によって労働の不安定化・流動化が進み、単身家族などが増加し、従来の〝近代家族モデル〟には包摂され得ない「家族」が広がっています。こうしたモデルはすでに機能不全状態といえます。それにもかかわらず、社会保障・社会福祉システムは依然として家族機能を前提にした「自立」の枠組みで組み立てられています。

そのため、家族との関係性が切断された人びとの「自立」は周縁化・特殊化されています。家族との関係が切断された生活困窮者は、生活保護行政の措置・介入を受け入れることによって生存に必要なケアを提供されますが、それは行政介入による権力的関係性（利用者の管理・指導）が正統化されるプロセスとなります。そこでは本人の「自己決定」や「自己選択」は尊重されにくく、地域社会から切り離された形でのケアも正統化されやすくなります。

救護施設や無料低額宿泊施設に措置される人びとも、こうした権力的関係性にある点に留意しなければなりません。生活保護・救護施設利用者の「自己決定」や「自己選択」の背後には、見えない権力構造が常に潜んでいます。〝サバルタン〟とは権力の支配と被支配の関係性がつくり出すものであり、権力構造によって「自らを語ることができない者」、あるいは「声を欠く」（Lister 2004 = 2011:22）人びとはつくられていくといえます。

救護施設利用者の多くも「家族」や地域社会との関係性が切断され、施設に措置された側面があります。〝近代家族モデル〟による自立観の崩壊と地域社会でケアを支える公的システムの脆弱性という構造のなかで、生活保護施設には、その矛盾を補完する「受け皿」の機能が期待されていると考えます。それと同時にフーコーの表現を借りると、周縁化・特殊化され地域社会から排除された生活困窮者を規律化することによって「権力の自動的な作用を確保する」(Foucault 1975=1977:203)装置としての機能を担っているといえます。

日本の生活保護行政では「住まいの確保」よりも生活訓練や就労支援などを優先するという考えが根強くあります。住居喪失状態になった場合、まず施設などに入所し、そこでの「訓練」を受け、「訓練」をクリアできた人はアパートへという「ステップアップ方式」が主流です。その結果、施設の規律に適応できない人は地域生活に移行できず、地域社会から排除されるという問題も生まれています。

そうしたなかで近年、民間の生活困窮者支援を中心に取り組まれている「ハウジングファースト」の実践に注目が集まっています。「ハウジングファースト」は、これまで「居宅生活は困難」と行政が判断してきた重度の精神障害・疾患を抱えた慢性的なホームレス状態の人びとの居住支援として、欧米を中心に広がっています。その支援は〝住まいは基本的人権〟という考えに立ち、支援者らの「道徳的判断」を排除して「安定して暮らせる住居を無条件に提供」すること。そして「入居後の生活をサポートする体制を整備する」ことで当事者の「自己決定」と「自己選択」を支援するという取り組みです。

「ハウジングファースト」の理念は、当事者の「自己決定、自己選択」を尊重することにあります。人間は、選択肢のない状態ではその人のもつ可能性を広げることは難しいですが、価値ある選択肢が多ければ「自由」が広がり、その人のもつ可能性も広がります。そうした考えに立ち「ハウジングファースト」では、自らの「自由」や「幸福」を「自分で決めること」を支援すること、そして「自己決定」「自己選択」を待ちながら、地域生活を支える社会資源を開発し、選択肢を広げることを大切にするというものです。つまり「ハウジングファースト」とは、生活保護行政などで慣習化・規範化されてきた「ステップアップ方式」の問い直しという意味をもっています。

サラ・バンクスは「ソーシャルワークが『国家の仲介人としての専門職』である限り、それは『矛盾と社会的二面性／両価性』に基づくものとなる」（Bankes 2012=2016: 36）と述べています。ソーシャルワーク（社会福祉）は権力の介在・影響から逃れることは難しくしています。その実践は難しく、その実践は「ケア」と「コントロール（社会的規範）」という矛盾・二面性／両価性のなかで展開されると指摘しています。「コントロール」とは管理・統制の機能であり、社会福祉はそれから「自由」ではなく、その活動・実践は常に矛盾と葛藤を抱えたものになるという性質があります。救護施設の機能とその実践も両価性のもとで展開されていると考えられます。

私たちはこうした矛盾や両価性にどのように対峙し、立ち向かうことができるのでしょうか。それは、既存の社会規範によって張り巡らされた「ケア」と「コントロール」の「境界線」を、利用者との協働・連帯によって引き直していく実践に他ならないと考えます（Bankes 2012=2016: 285）。

「相部屋」が当たり前、仕方ないとされる救護施設にあって、高槻温心寮では利用者の〝声にならない声〟に耳を澄ませ、全国の救護施設に先駆けて「全個室化」を実現しました。これは従来〝当たり前〟とされてきた施設の社会規範を問い直し、施設の居住水準を引き上げた実践であり、いわば救護施設、そして生活保護・社会福祉行政における「境界線」の引き直しであったと考えます。

高槻温心寮はその理念に憲法25条の「生存権」保障に加え、第13条の「幸福追求権」の実現を掲げています。新自由主義的価値観が浸透する社会のなかで、「自らを語ることができない者」にされている人びとが「自由」と「幸福」を追求する権利（幸福追求権）を獲得していくためには、内在化されたスティグマを取り除き、自らの「声」を取り戻すための支援が必要不可欠です。権力的関係性のなかで「自己決定」「自己選択」が尊重されず、地域社会から切り離されてきた人びとが「自己選択」ができるよう選択肢を広げ、自らの「自由」と「幸福」を「自己決定」することを支える実践が求められていると考えます。

「声を欠く」人びとが声を取り戻し、声をあげていくことを通してこれまで〝正しい〟とされてきた社会規範や「境界線」は問い直されていきます。「自己選択」を広げ、「自己決定」を尊重する支援は、個人の能力の欠落や不足を補うための新たな社会的仕組みを必然的に要請することになると考えます。このような実践を通して地域社会に新たな公的システム・社会基盤＝「ケアの共同化」(Federici 2004=2017:388)を形成していく基盤がつくられると考えます。

当事者(生活保護利用者ら)と福祉労働者、市民らの協働によって共同性(アソシエーション)を広げていく運動のなかに、新自由主義的統治を乗り越える新たな社会の可能性は包含されていると考えます。高槻温心寮、そして救護施設には共同性を広げる実践や活動の地域拠点、いわば現代の「共有地(コモンズ)」のような役割を期待します。

文献

・Spivak.G.C.(2008)大池真知子訳『スピヴァクみずからを語る――家・サバルタン・知識人――』岩波書店

・武川正吾(2007)『連帯と承認――グローバル化と個人化のなかの福祉国家』東京大学出版会

・Lister Ruth(2004＝2011)松本伊智朗監訳・立木勝訳『貧困とはなにか―概念・言説・ポリティクス』明石書店

・Michel Foucault(1975＝1977)田村俶訳『監獄の誕生――監視と処罰』新潮社

・Sarah Bankes(2012＝2016)石倉康次・児島亜紀子・伊藤文人監訳『ソーシャルワークの倫理と価値』法律文化社

・Silvia Federici(2004＝2017)小田原琳・後藤あゆみ訳『キャリバンと魔女――資本主義に抗する女性の身体』以文社

エピローグ――いま私たち救護施設をとりまくもの――あとがきにかえて

2002年の高槻温心寮の創立50年を機に、私たちは『救護施設との出会い――「最後の受け皿」からのメッセージ』(クリエイツかもがわ、2003年)を発刊しました。

救護施設は当時、いま以上に知られていませんでした。「せっかく本を出すのなら、大学や養成校で公的扶助論のサブテキストとして使ってもらえるようなきちんとしたものを」と議論して、担当職員が懸命に原稿を書き世に問うた本です。温心寮で働く職員でさえ救護施設を望んで就職する人はまれでしたし、誰もが救護施設と出会うという意味をタイトルに込めました。

その後2008年に、同書のなかで夢と語った新施設が全室個室で実現しました。本書は、施設建て替え後10年を節目に、新たな建物施設におけるこの間の実践を振り返り問い直すとともに、いまひとたび、救護施設が自ら救護施設を発信する意義が含まれます。

ありがたいことに、私たちの実践本という財産は2冊になりましたが、それぞれ意味づけがありながら、施設建て替えをはさんだビフォー・アフターにもなっています。

今日、私たち高槻温心寮をはじめ救護施設をとりまく状況は厳しくめまぐるしいものがあります。もちろんこれまでの道のりもけっして平坦なものではありませんでしたが、かつて「終の棲家」と称された最後の受け皿施設が、施設に入って生活を立て直し、再び地域でその人らしい生活を築くためのプロセスにある存在として機能してきています。そのための支援のツールが増えるにつれて、求められる役割や存在がどんどん大きくなっているのも感じます。

そんななかでも温心寮の利用者は、日々苦しみ悩みながらも、輝いているように思います。

もちろん施設の性格上、そのときどきの社会や制度の状況から、利用者像に特徴や違いはあります。私が就職したのは30年以上前ですが、当時はまだ、大阪大空襲で焼け出されたという身体障害の人、親兄弟の身寄りがなく施設で名づけられたなど戦後世相を映すような人たちから、養護学校義務化以前の家族の保護のもとにあった知的障害の人、今日に連なる精神障害の人たち、行旅病人――いまでいうホームレスの人、仕事から追われた中途障害の人たちまで、確かに現在の温心寮の利用者群像とはキャラクターの違いが感じられました。当時の温心寮には、今日社会を映すようなDV被害で逃げてきた人、刑務所と施設の出入りを繰り返すような人はいなくても、救護施設の利用者はいつも共通して、時代ごとの「生活困難の底の周辺」で懸命に生きてきた人たちだと考えます。

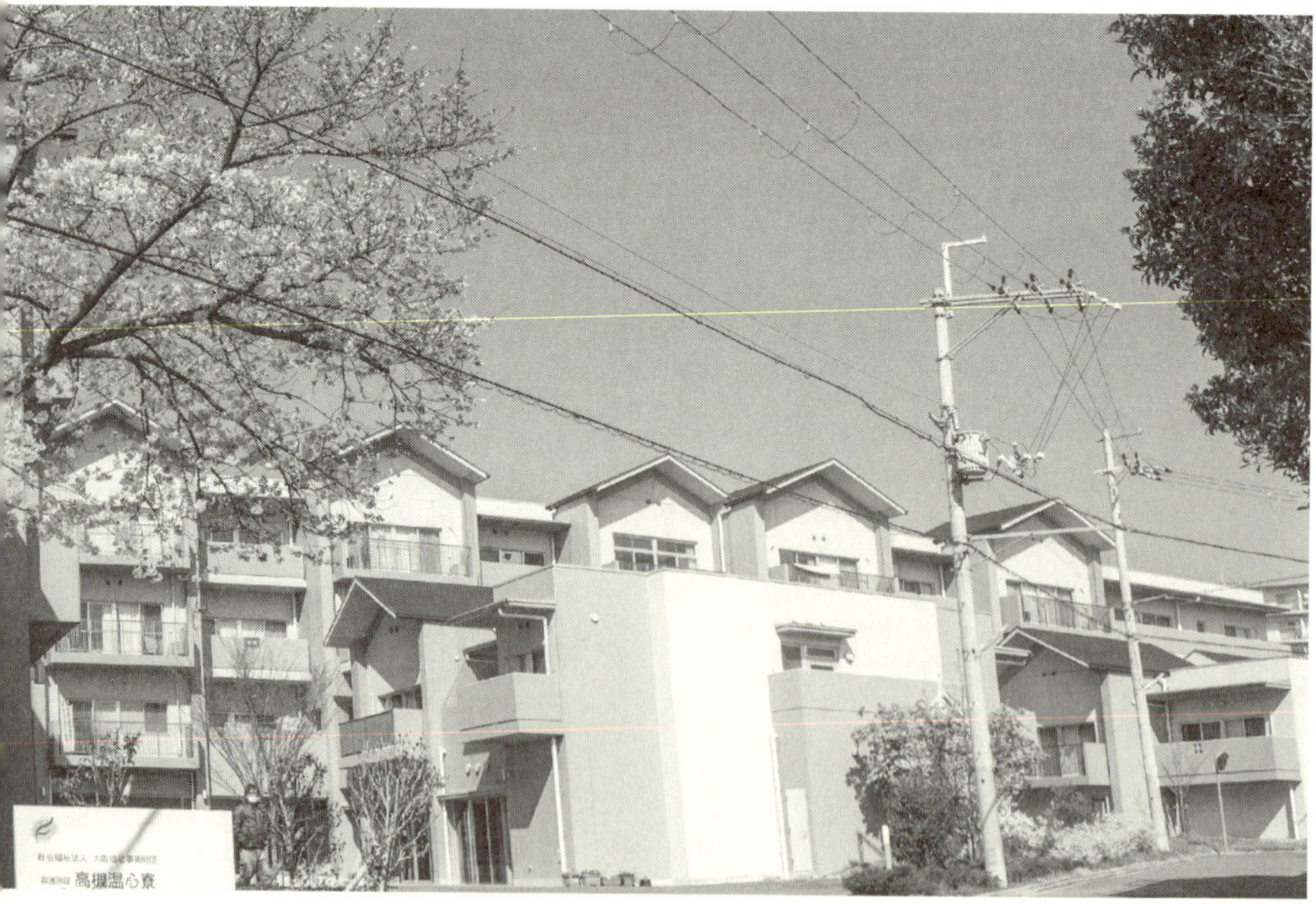

私たち施設の職員は、こうしたそれぞれの時代の利用者にいつも癒され、救われ導かれてきました。そんな利用者の魅力を第1章でしっかり紹介しました。そして第2章では救護施設の支援者としての私たち職員の仕事を紹介しています。もちろん救護施設は全国一様ではありませんが、「救護施設のいま」を伝えることができたのならうれしく思います。

日本国憲法25条に保障された「健康で文化的な最低限度の生活」の実践である生活保護法の「最後の受け皿」救護施設は、社会保障・社会福祉の制度の移り変わりのなかで存在し続けながら、比較的重い障害がある人など、そのときどきの社会の〝生きにくさ〟を受け止めてきました。利用契約による福祉サービスが広がるなかで、ほかと比較されることもありながら、公的な責任のある施設としてずっと歩んでいます。

私たちの社会は今日、平均所得が減って生活が厳しさを増しています、格差の広がりのなか生活

保護法が改定され、保護基準も下がっています。この暮らしづらい社会のなかで、さまざまな形の「生きづらさ」の人たちの生活の場である救護施設は、これからどこへ向かうのか。

救護施設そのものの日々の生活支援に加え、その人らしい地域生活のため、施設を出るための居宅生活訓練、通ってくる通所事業、暮らしの場であるグループホーム、外部からも使える一時入所、生活保護を受けるまで利用できる一時生活支援事業（生活困窮者自立支援法）、そして地域の日々のさまざまな相談まで、私たちのできることは増えています。

かつての最後の受け皿施設が、ここまでできるようになったことに誇りをもちながらも、一方で最後のよりどころが、ここまでしなくてはならないことには、私たちのいまの社会に問題はないのか、と自問もするのです。

最後になりましたが、私たちの大切な本を監修していただいた加美嘉史先生、松木宏史先生、ご尽力いただいた前の本のときからのクリエイツかもがわの田島英二さん、カメラマンのＯｈａｎａさん、そしてすてきなイラストを描いてくださった柏木ハルコ先生ほか、ご協力いただいたみなさんに心からお礼申し上げます。

私たちのこの本が、誰もがその人らしく輝ける、福祉ゆたかな社会のための、小さくてもお手伝いの一つになればうれしく思います。

２０１９年８月
高槻温心寮施設長　田中　彰

大阪福祉事業財団　綱領

社会福祉法人　大阪福祉事業財団

前文【法人の基本的性格】

大阪福祉事業財団のすべての施設と事業は、国民の人権と幸せを守るためにあります。

わたしたちは、常に利用者・国民の立場に立ち、日本国憲法に明記された生存権・基本的人権を守り発展させる事業と運動をすすめます。

【利用者援助と地域福祉】

1　わたしたちは、利用者・国民の願いを受けとめ、人としての尊厳を守り、利用者がより主体的に生きるための豊かな援助実践と、地域の福祉向上に努めます。

【施設運営と職員の役割】

2　わたしたちは、自主的、民主的な施設運営をおしすすめるとともに、自らの生活と諸権利を守り、地域や社会福祉で働く人びととの連帯と協力を深めます。

【実践・運動・研究の統一】

3　わたしたちは、社会保障・社会福祉を権利として築いてきた歴史に学び、科学的な視点をもって、職員としての資質と力量の向上に努め、国民のいのちと暮らしを守る立場で、実践や運動を統一してすすめます。

【制度と運動の基本】

4　わたしたちは、利用者・国民本位の社会保障・社会福祉制度と、その実施についての公的責任の確立をめざし、地域の人びとや関係者とともに、福祉を守り充実させる運動をすすめます。

【平和と国際連帯】

5　わたしたちは、いっさいの戦争政策に反対します。戦争も核兵器もない、飢餓も貧困もない社会の実現にむけて、世界の人びとと手をたずさえていきます。

後文【国民連帯と社会進歩】

わたしたちは、これらの目標の実現と社会進歩のため、知恵と力をひとつに、広範な人びとと連帯し、日本国憲法が暮らしに生かされる社会の実現をめざします。

2005年5月26日改定

大阪福祉事業財団綱領の説明

これは、財団綱領をより理解するための説明資料です。

なお、綱領主文は、「前文と5項目からなる本文、そして後文」で構成されています。

前文【法人の基本的性格】

大阪福祉事業財団のすべての施設と事業は、国民の人権と幸せを守るためにあります。わたしたちは、常に利用者・国民の立場に立ち、日本国憲法に明記された生存権・基本的人権を守り発展させる事業と運動をすすめます。

大阪福祉事業財団は、戦前戦後の民間社会福祉の運動と施設を受けつぎ、1948年8月16日民間法人として設立されました。

以来、国民の共有財産として、だれもが安心して利用できる施設づくりをすすめると共に、権利としての社会福祉を確立する立場から、日本の民主的な社会福祉運動の発展に寄与してきました。

わたしたちのこの立場は多くの方々に支持され、大阪福祉事業財団の事業は府内各地に広がり、大きく発展してきました。

しかし今日、社会福祉制度の基本的仕組みが措置から契約へと大きく変わり、本来、社会福祉とは両立しない福祉の商品化・営利化の動きが強まっています。

わたしたちは、国民の生存権・基本的人権及び幸福追求に対する権利を守り発展させることこそが、社会福祉に働く者の使命と考えます。福祉市場化の方向に流されることなく、引き続き日本国憲法の基本的立場を守り、公的責任による権利としての社会福祉をめざします。

【利用者援助と地域福祉】

1　わたしたちは、利用者・国民の願いを受けとめ、人としての尊厳を守り、利用者がより主体的に生きるための豊かな援助実践と、地域の福祉向上に努めます。

措置から利用・契約制度への転換のなかで、自己責任によるサービスの選択・決定が求められ、支払能力による利用者の選別が生まれています。わたしたちのめざす援助実践は、公的責任の裏づけのもとにおいて、より豊かに発展する、人間の幸福と尊厳を求めていく民主主義の実践です。

わたしたちは、常に利用者の立場に立ち、人格を尊重し、信頼関係を高め、人として相応しい幸福な生活づくりへの援助をすすめます。それは利用者自らが権利主体として生活を切り拓いていくための援助でもあります。同時に、利用者・家族・地域への情報公開と、その人たちの施設運営への参加を積極的にすすめます。

また、社会保障・社会福祉のあり方が大きく変わるなかで、地域での住民の孤立化と暮らしの危機の進行は深刻です。真に福祉を必要とする人が支援を受けられない状況が生まれている中で、住民一人ひとりが生活の主人公となれるよう、地域における福祉推進の力を高めていかなければなりません。

わたしたちは、地域住民や諸団体との協力・共同を一層発展させ、すべての人の人権が大切にされる、福祉豊かなまちづくりにむけ、地域の福祉向上の拠りどころとなるよう努力します。

【施設運営と職員の役割】

2　わたしたちは、自主的、民主的な施設運営をおしすすめるとともに、自らの生活と諸権利を守り、地域や社会福祉で働く人びととの連帯と協力を深めます。

わたしたちは、運営の原則として、「①利用者、地域の対象者の生活と権利を守る。②職員の雇用と生活を守る。③施設経営を維持発展させる。」という3つの課題を統一的に発展させることをめざしています。

運営にあたっては民主的討論を基礎に企画・実践・点検・総括を行うとともに、理事会への集中を軸とする運営の民主化をおしすすめます。また、職員自らの生活と権利を守るため、労働組合運動の自由の保障を基礎に、労働諸条件の改善・向上のため建設的な話し合い、合意形成を大切に、共同で施設を守り、利用者や地域の人びととの連帯と協力を深めます。

福祉労働が細分化され否定される事態が進む中で、学習・研修に努め、職員集団の力量の強化・向上と、福祉労働者としての社会的使命への自覚を高めます。

これらの諸課題を実現する活動の原動力は福祉労働者であり、次のような積極的課題にとりくみます。

⑴利用者・住民の生存権・基本的人権を守り発展させるという仕事のもつ使命の高さの自覚と、それに結びついた広い視野、専門的な知識や技術の習熟に努め実践すること。

⑵職務を遂行することにより、利用者・住民要求の実現をめざすことと、労働者としてもつ諸権利の保障とを統一的に追求すること。

⑶利用者・住民の利益を守るため、業務の効率的・合理的運営につとめ、法人・施設の安定的運営をめざすこと。

【実践・運動・研究の統一】

3　わたしたちは、社会保障・社会福祉を権利として築いてきた歴史に学び、科学的な視点をもって、職員としての資質と力量の向上に努め、国民のいのちと暮らしを守る立場で、実践や運動を統一してすすめます。

国民は戦争の惨禍を経て、平和と民主主義、国民が団結することの大切さを学び、憲法に基づいた生存権の保障を求めてたたかい、社会保障・社会福祉の分野も一定の成果をあげました。しかし、1950年代に入り再軍備化と社会保障・社会福祉の抑制がすすみました。このような中、憲法に保障された権利を求めて、朝日訴訟を始めとする人間の尊厳を求めるたたかいが全国に広がっていきました。わたしたちは、国民の権利を守る立場で、これら全国的なたたかいと共に歩んできました。

関目学園の人権・民主化闘争をはじめとした「財団の三つのたたかい」をはじめ、各地、各施設で人権を脅かすもの、不条理なものに対して、施設関係者や地域住民が一緒に一丸となってひるまずたたかってきました。また共同保育所・学童保育・共同作業所等の運動や運営にも携わってきました。城東老人ホームの入浴サービス等、行政に先駆けた事業の開始や制度化をはじめ、各施設においても様々な事業を展開してきました。このように要求に基づき、地域との連帯を深めながら実践・運動をすすめてきました。

　わたしたちは、日常のとりくみを客観化し、課題を整理し、実践や運動をさらに高めていくために、雑誌「福祉のひろば」を創刊し、社会保障・社会福祉研究活動の拠点としての「総合社会福祉研究所」を設立し、旺盛な研究活動を展開してきました。わたしたちは、これらの幾多のとりくみの中から、社会保障・社会福祉の対象となる問題の多くは、その人個人の責任ではなく、資本主義経済の矛盾に起因することを学びました。今後も、国民の権利を守る立場で、問題の本質を見極め、全国各地の先駆的なとりくみに学び、実践・運動・研究を統一的にすすめます。

【制度と運動の基本】

4　わたしたちは、利用者・国民本位の社会保障・社会福祉制度と、その実施についての公的責任の確立をめざし、地域の人びとや関係者とともに福祉を守り充実させる運動をすすめます。

　国民・利用者本位の社会保障制度とは、すべての人びとが何らかの社会的事故・災害・特別の出費などによる生活上の困難（病気、けが、障害、分娩、老齢、死亡、失業など）に対して、必要な給付を受け、健康で文化的な生活水準が社会的権利として保障される制度です。そして、その費用は、資本主義社会においては、基本的には国及び企業（資本）の負担でまかなわれるものと考えます。

　しかし政府は「社会保障構造改革」「社会福祉基礎構造改革」を強行し、戦後国民の諸運動や民間社会福祉事業の発展で築かれてきた公的な福祉制度を後退させてきています。

　社会保障・社会福祉はすべての国民に与えられた社会的基本的権利であり、それを保障する義務と責任は国と地方自治体にあります。失業者の増加など、社会生活全般にわたり国民の生活不安が増大する中で、公的責任による社会保障・社会福祉の充実は不可欠です。

　国の行財政の基本姿勢を、無駄な大型公共事業優先を止めさせ、暮らしと福祉優先へと転換させることが急務です。

　わたしたちは、国民・利用者本位の権利としての社会保障・社会福祉制度の確立をめざします。このことは、憲法25条を真に国民の暮らしに生かす課題であり、社会福祉に働く者の社会的使命です。そのためにも、地域の人びとをはじめ広範な人々と共に、福祉を守り充実させる運動を進めていきます。

【平和と国際連帯】

5　わたしたちは、いっさいの戦争政策に反対します。戦争も核兵器もない、飢餓も貧困もない社会の実現にむけて、世界の人び

とと手をたずさえていきます。

戦争は人びとに限りない苦痛をもたらし、戦争政策の遂行は人権を制限、侵害するものであり、わたしたちはいっさいの戦争政策に反対します。戦争を放棄した憲法9条を持つわが国において、すべての社会的な富は戦争のためでなく、人びとの幸福な生活と未来のために生かされなければなりません。

今日、憲法「改正」の動きがある中で、わたしたちは日本国憲法にも謳われているように、恒久の平和を求めることが、被爆国・日本の国民と政府の責務と考えます。

いま、世界各地で戦争や飢餓、伝染病によって多くの人びとの生活といのちが奪われています。

豊かな国といわれるわが国でも、住む家を持たず、着るものにもこと欠き、飢えに苦しむ人びとが少なからず存在し、路上生活者も激増しています。莫大な軍事費のほんの一部をまわすだけでも、多くの人びとを飢餓や病気から救うことが可能です。

わたしたち社会福祉に働く者は、福祉を破壊し、人道と人権に敵対する戦争政策、飢餓や貧困を生み出す政策に反対し、人びとが平和のうちに、人間らしく生きる権利を全面的に享受できるよう、最大の努力をはらうものです。

後文【国民連帯と社会進歩】

わたしたちは、これらの目標の実現と社会進歩のため、知恵と力をひとつに、広範な人びとと連帯し、日本国憲法が暮らしに生かされる社会の実現をめざします。

戦後、わたしたちの先輩をはじめ広範な国民は、血と汗のにじむ努力によって、社会保障・社会福祉制度の確立を進めてきました。しかし今日、社会福祉を変質させる動きが急を告げています。わたしたちは、いかなる時代になろうとも権利としての社会保障・社会福祉を確立するため、団結し運動をすすめていかなければなりません。

この綱領に掲げる目標の実現のために、多くの利用者、地域の住民、社会福祉に携わる経営者や労働者、そして広範な人びとと連帯し運動をすすめます。

わたしたちは、こうした運動こそが、社会進歩につながることを確信し、人類社会の理想である「すべての人びとが、平和のうちに、幸福に暮らせる社会」を建設するため、日々努力を重ねていきます。

1981年4月　1日制定
2005年5月26日改定

わたしたちがめざすもの

高槻温心寮は、憲法25条（生存権）、第13条（幸福追求権）および生活保護法、その他関係する法律にもとづき、人としての尊厳・基本的人権を守り、健康で文化的な生活水準を保障し、利用者自らが広い意味での自立した生活をめざすことを支援します。

1　わたしたちは、利用者ひとりひとりの人格や思いを大切にし、希望を受け止め、その実現のため支援を行います。

2　わたしたちは利用者に安全で安心できる生活を保障します。人権を守り、プライバシーを尊重し、虐待行為は一切容認しません。

3　わたしたちは利用者の生きがいある生活づくりに向け、主体性を尊重した支援を行います。日中活動をゆたかにし、健康な生活が送れるよう食生活の充実や環境美化、医療との連携に努めます。

4　わたしたちは利用者を受容する力や介護技術を高めます。また各種制度や専門知識を学習し、相談支援力の向上に努めます。

5　わたしたちは施設内外の生活保護受給者や生活困窮者など、特に支援を必要とされる場合には関係機関と協力しながら積極的に取り組みます。

6　わたしたちは地域住民にとって利用しやすい設備の提供や活動を行い、各種事業への理解、協力をひろげます。また社会福祉を拡げる運動にとりくみます。

7　わたしたちは施設の事業を発展させ、風通しのよい施設運営に努め、相互に認めあえる働きやすい職場づくりをすすめます。

２０１４年12月改定

【各項目の説明】

1　個別支援を基本に

①利用者の人格の尊重を最優先にして、希望や意見に謙虚に耳を傾けます

②個別支援計画を作成し、その内容を職員で共有します

2　いのち、権利の保障

①救護施設利用者は、貧困や病気、虐待等社会的な要因を基にした生活破壊・生活困難から、いのちが脅かされることを経験している人がいます。施設はまず身体の安全を保障し、健康をとりもどす支援をします。

②精神的にも安心できる環境を提供できるよう努力します。

③必要な個人情報の使用は必ず本人や家族の同意を得ます。日常の伝達の際は、場所や声の大きさを配慮しながら行います。

④本人の個人的な世界や思いを尊重しながら支援し、決めつけや乱暴な態度、脅かすような言い方になっていないか注意します。

⑤偏見や差別をはじめとした社会的および経済的な不利益を受けないよう、守ります

3　主体性を尊重したゆたかな生活の質

①いのちと身体の安全、および健康を守ります。

②障害や疾病について正しく理解し、適切な介護、支援をおこないます

③清潔で美しく住みよい居住環境が保てるよう努めます。

④安全・安心な食生活を基本に、利用者一人ひとりの状況に応じたおいしく豊かで楽しい食事の提供につとめます。

⑤医療と食生活の面で、生活習慣病に対するとりくみを強化します。

⑥作業やサロン、福祉的就労など日中活動の充実に向けて支援します。

⑦将来の生活が選択できるよう情報提供し、本人の希望やその人にふさわしい生活の場の提供や紹介にとりくみます。

⑧地域生活を希望する方や対象の方には、居宅生活訓練を積極的にすすめます。

4.　専門性の向上

①障害や疾病についての知識を深めます。

②コミュニケーションの向上についての積極的な研修にとりくみます。

③職場のＯＪＴ（職場の上司・先輩が職務を通じて後輩を指導・育成する研修）をすすめるとともに、自主研修会にとりくみます。

④生活保護や困窮者支援の情報を集めます。

5　生活保護受給者、生活困窮者への支援

①通所事業や一時入所事業を積極的にすすめます。

②通所者への支援は、地域や家族などに配慮をもって継続的に

おこないます。

③様々な相談に対しても、地域の関係機関を紹介するなど、誠実に対応します。

6　地域貢献と地域活動

①社会福祉施設が地域で果たす役割を常に考え、地域に役立つ事業や活動にとりくみます。

②施設設備の開放や活動交流を通じて、地域住民が訪問しやすい雰囲気をつくります。

③高齢や障がいのある方へのよりよい生活づくりに向け、福祉講座の開催や交流事業にとりくみます

④利用者の困難が社会的要因にあることを考え、利用者の権利を擁護、代弁し社会に働きかける運動にとりくみます。

7　働きやすい職場づくり

①社会福祉の公共性をまもるため、社会福祉法人の役割と事業を理解し守ります

②職員の相互理解と組織原則の順守にもとづき、民主的な運営をすすめます。

社会福祉法人大阪福祉事業財団「食の指針」

「食の指針」作成の目的

大阪福祉事業財団の各施設は、これまでも、「食べることは生きること」であり、一人ひとりの利用者・関係者に対してよりよい「食」を提供しようと、学び、話し合い、実践してきました。この指針は、今後も各施設が「財団綱領」に基づき、さらにより良い「食のありかた」をめざす共通の基本方針として作成しました。

1　利用者の思いを大切に、より良い食のありかたをめざします。

利用者にとって、食事はとても楽しみなことであり、健康な身体づくりや生きていく力を生み出す源でもあります。食のありかたも今後様々に変容していくことが予想されますが、「直営方式」を基本として、利用者一人ひとりの状況や要望が大切にされる豊かな「食のありかた」を追求していきます。

2　安全を最優先に、食の提供を行います。

・情報の共有化を図りながら安全な食材を提供します。
・食事に関わるすべての作業を丁寧に行い、誤嚥や食物アレルギーによる誤食等の事故防止、病気や障害への配慮、食材や調理上の配慮など利用者の健康と生命を守ります。

3　利用者一人ひとりの食生活を支援します。

・利用者一人ひとりの要望に沿った食事や嗜好品の提供、個々人の栄養管理・偏食指導等、健康に生きるための支援を行います。
・四季を感じる食事や行事食・伝統食を継承し、団らんを大切にしていきます。
・子どもたちには、食を通じて生きる力を育てる「食育」を重視します。
・成人や高齢者には、食習慣や嗜好等、その人の生き方を大切にした食事を提供します。

4　利用者家族や地域に向けても食に関する取り組みをすすめます。

・ご家族に対しても、お知らせ・ホームページ等の情報発信や話し合いで連携を取りながら、利用者のよりよい食生活をめざします。
・地域に向けても私たちが持っている情報を発信し、地域からの要望にも取り組みます。

5　設備・備品・環境の整備を進め、災害にも対応できるようにします。

・美味しく、安全な食事を提供するために、また働きやすい厨房をめざして必要な設備や備品・環境衛生を整えます。
・利用者が安全でおいしく、気持ちよく食べられる食堂や食器にも配慮します。
・災害に対応できるように、食品の備蓄、備品や設備の管理を行います。

２０１４年４月１日制定

監修
加美嘉史（かみ　よしふみ）佛教大学社会福祉学部教授
松木宏史（まつき　ひろし）滋賀短期大学幼児教育保育学科准教授

編著
社会福祉法人大阪福祉事業財団
救護施設 高槻温心寮（きゅうごしせつ たかつきおんしんりょう）
〒569-1046　大阪府高槻市塚原1丁目9番1号
TEL 072-696-0678　FAX 072-694-8092
URL http://t-onshinryo.jp/
E-mail onsinryo@guitar.ocn.ne.jp

編集委員・執筆者（順不同・いずれも高槻温心寮職員）
田中　彰
吉本　純
松木まゆみ
秋山　昌平
飯田　葉子
山田　優

●カバー装画／柏木ハルコ
「健康で文化的な最低限度の生活」（小学館『週刊ビックコミックスピリッツ』連載中
●写真撮影／Ohana　http://mahounouta.com

救護施設からの風
――「健康で文化的な最低限度の生活」施設×ゆたかな暮らし……

2019年9月30日　初版発行

監　修●加美嘉史・松木宏史
編　著●社会福祉法人大阪福祉事業財団
救護施設 高槻温心寮

発行者●田島英二
発行所●株式会社 クリエイツかもがわ
〒601-8382　京都市南区吉祥院石原上川原町21
電話 075(661)5741　FAX 075(693)6605
ホームページ　http：//www.creates-k.co.jp
郵便振替　00990-7-150584

印刷所●モリモト印刷株式会社

ISBN978-4-86342-271-1 C0036　printed in japan

あたし研究　自閉症スペクトラム～小道モコの場合　1800円
あたし研究2　自閉症スペクトラム～小道モコの場合　2000円

小道モコ／文・絵

自閉症スペクトラムの当事者が「ありのままにその人らしく生きられる」社会を願って語りだす―知れば知るほど私の世界はおもしろいし、理解と工夫ヒトツでのびのびと自分らしく歩いていける！

行動障害が穏やかになる「心のケア」

障害の重い人、関わりの難しい人への実践　藤本真二／著

2刷

●「心のケア」のノウハウと実践例
感覚過敏や強度のこだわり、感情のコントロール困難など、さまざまな生きづらさをかかえる方たちでも心を支えれば乗り越えて普通の生活ができる――。　2000円

発達障害者の就労支援ハンドブック

付録：DVD

ゲイル・ホーキンズ／著　森由美子／訳

長年の就労支援を通じて92％の成功を収めている経験と実績の支援マニュアル！　就労支援関係者の必読、必携ハンドブック！「指導のための４つの柱」にもとづき、「就労の道具箱10」で学び、大きなイメージ評価と具体的な方法で就労に結びつける！

3200円

発達障害のバリアを超えて　新たなとらえ方への挑戦

漆葉成彦・近藤真理子・藤本文朗／編著

本人と親、教育、就労支援、医療、研究者と多角的な立場の視点で課題の内実を問う。マスコミや街の中であふれる「発達障害」「かくあるべき」正解を求められるあまり、生きづらくなっている人たちの「ほんとのところ」に迫る！　2000円

何度でもやりなおせる

ひきこもり支援の実践と研究の今

漆葉成彦・青木道忠・藤本文朗／編著

ひきこもりの人の数は100～300万人と言われ、まさに日本の社会問題。
ひきこもり経験のある青年、家族、そして「ともに歩む」気持ちで精神科医療、教育、福祉等の視点から支援施策と問題点、改善と充実をめざす課題を提起。　2000円

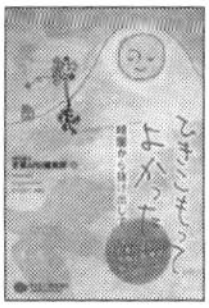

ひきこもってよかった　暗闇から抜け出して

NPO法人ARU編集部／編

「僕は、外に出るためにひきこもった」「僕は、ひきこもったからこそ、外に出られるようになった」「僕は、この悩み大き心と共に生きて行く！」５人の若者が心の声を語り出すー

1000円

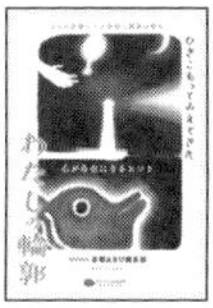

ひきもこってみえてきた わたしの輪郭

心が自由になるヒント

NPO法人京都ARU編集部／編著

「人はどのようにしてひきこもり、どのようにして脱するのか」「人はどのようにして悪循環に陥り、好循環に至るのか」「人はどのようにして自問自答にとらわれ、自問自答から脱するのか」その答えがここにあります。　1000円

認知症関連　好評既刊本

本体価格表示

認知機能障害がある人の支援ハンドブック
当事者の自我を支える対応法　ジェーン・キャッシュ&ベアタ・テルシス／著　訓覇法子／訳

●認知機能障害・低下がある人の理解と支援のあり方を「自我心理学」の理論に裏づけられた対応法！　認知症のみならず高次脳機能障害、自閉症スペクトラム、知的障害などは、自立した日常生活を困難にする認知機能障害を招き、注目、注意力、記憶、場所の見当識や言語障害の低下を起こす。　2200円

認知症の人に寄り添う在宅医療
精神科医による新たな取り組み　平原佐斗司／監修　内田直樹／編著

認知症診療に、在宅医療という新たな選択肢を！

精神科医や認知症専門医が病院を飛び出すことで、認知症診療に与える新たな可能性とは。認知症在宅医療の最先端を紹介。　2200円

認知症の人の医療選択と意思決定支援
本人の希望をかなえる「医療同意」を考える

成本 迅・「認知症高齢者の医療選択をサポートするシステムの開発」プロジェクト／編著

医療者にさえ難しい医療選択。家族や周りの支援者は、どのように手助けしたらよいのか。もし、あなたが自分の意向を伝えられなくなったときに備えて、どんなことができるだろう。　2200円

認知症ケアのための家族支援
臨床心理士の役割と多職種連携

小海宏之・若松直樹／編著

●経済・環境・心理的な苦悩を多職種がそれぞれの専門性で支援の力点を語る
「認知症という暮らし」は、夫婦、親子、兄弟姉妹、義理……さまざまな人間関係との同居。「家族を支える」ことは、多くの価値観、関係性を重視するまなざしである。　1800円

人間力回復　地域包括ケア時代の「10の基本ケア」と実践100
3刷

大國康夫／著（社会福祉法人協同福祉会）

介護とは、人を「介」し、尊厳を「護る」こと。最期まで在宅（地域）で暮らし続けられる仕組みを構築すること。施設に来てもらったときだけ介護をしてればいいという時代はもう終わった！あすなら苑の掲げる「10の基本ケア」、その考え方と実践例を100項目にまとめ、これからの「地域包括ケア」時代における介護のあり方、考え方に迫る。　2200円

パワーとエンパワメント
ソーシャルワーク・ポケットブック

シヴォーン・マクリーン　ロブ・ハンソン／著　木全和巳／訳

なに？なぜ？どうしたら？3つの方法で学ぶ。多忙を極めるソーシャルワーカー（社会福祉で働く人）たちが、利用者訪問の電車の中や会議が始まる前などの合間に気軽に、手軽に読め、自分の実践の振り返りと利用者への対応に役立つ。　1600円

生活困窮者自立支援も「静岡方式」で行こう!! 2
相互扶助の社会をつくる

津富宏・NPO法人青少年就労支援ネットワーク静岡／編著

すべての人が脆弱性を抱える社会を生き抜くために、地域を編み直し、創り直すことで、地域が解決者になるための運動を提起する。　2000円